U0928458

珍藏本
纪念版

汉译世界学术名著丛书

论政治经济学的若干未定问题

〔英〕约翰·穆勒 著

张涵 译

2017年·北京

John Stuart Mill

ESSAYS ON SOME UNSETTLED QUESTIONS OF POLITICAL ECONOMY

本书根据 Longmans, Green, Reader, And Dyer 出版公司 1874 年英文版译出

汉译世界学术名著丛书
（120年纪念版·珍藏本）
出 版 说 明

2017年2月11日，商务印书馆迎来120岁的生日。120年前，商务印书馆前贤怀揣文化救国的理想，抱持"昌明教育，开启民智"的使命，立足本土，放眼寰宇，以出版为津梁，沟通中西，为中国、为世界提供最富智慧的思想文化成果。无论世事白云苍狗，潮流左右激荡，甚至战火硝烟弥漫，始终践行学术报国之志，无改初心。

逐译世界各国学术名著，即其一端。早在20世纪初年便出版《原富》《天演论》等影响至今的代表性著作，1950年代后更致力于外国哲学和社会科学经典的译介，及至1980年代，辑为"汉译世界学术名著丛书"，汇涓为流，蔚为大观。丛书自1981年开始出版，历时三十余年，迄今已推出七百种，是我国现代出版史上规模最大、最为重要的学术翻译工程。

丛书所选之书，立场观点不囿于一派，学科领域不限于一门，皆为文明开启以来，各时代、各国家、各民族的思想与文化精粹，代表着人类已经到达过的精神境界。丛书系统译介世界学术经典，引领时代思想，为本土原创学术的发展提供丰富的文化滋养，为推动中国现代学术和现代化进程做出了突出的贡献。

为纪念商务印书馆成立120周年，我们整体推出“汉译世界学术名著丛书”120年纪念版的珍藏本，寄望既利于文化积累，又便于研读查考，同时向长期支持丛书出版的译者、编者和读者致以敬意。

两甲子后的今天，商务印书馆又站在了一个新的历史时间节点上。我们不仅要铭记先辈的身影和足迹，更须让我们的步伐充满新的时代精神。这是商务人代代相传的事业，更是与国家和民族的命运始终紧密相连的事业。我们责无旁贷，必须做好我们这代人的传承与创造，让我们的努力和成果不仅凝聚成民族文化的记忆，还能成为后来人可以接续的事业。唯此，才能不负前贤，无愧来者。

商务印书馆编辑部

2017年10月

目　录

第一版序 …………………………………………………… 1

一、论国家间商品交换理论及商业世界中商业利得在国家间的分配 …………………………………………… 3

二、论消费对生产的影响 ………………………………… 35

三、论生产性和非生产性 ………………………………… 56

四、论利润和利息 ………………………………………… 67

五、论政治经济学的定义及政治经济学恰当的研究方法 …… 89

第一版序

收录在本书中的这几篇论文写于1829年和1830年间，其中第五篇论文之前已经出版，其他四篇迄今为止仍为手稿，因为大众对于此类问题的讨论暂时失去兴趣，故未出版。

现在这些论文的出版（字句上略有修改）得益于托伦斯上校的《论预算》一书所引起的争论，该争论再次将政治经济学家的注意力引入政治经济学这门抽象科学。具体说来，在托伦斯上校与其反对者存在主要争论的地方，本书第一篇论文明确表达了作者的观点。

在这篇论文中，作者与托伦斯上校所持的观点基本一致（在观点的实际应用范围上可能存在明显区别）。虽然作者早在十五年前就提出了这些观点，但作者本人并不主张他本身在论文基本概念上具有原创性意义，而只是强调详尽的解释。

作为近代政治哲学最有价值的成果之一的国家间自由贸易理论，人们对它提出的质疑经常被误解为反对，这往往是一种偏见。读者现在看到的观点其实就是从自由贸易理论根据的原理所推得的必然结果。作者同时谨慎地指出，这些观点并非为任何保护性关税措施，或为民族产业享受某些优惠待遇辩护。考虑到对外国商品征收的关税仅仅是为了增加财政收入，是非保护性的，而且不涉及生活必需品、原材料和生产工具，作者认为，除了考虑财政收益本身之外，政府对这类关税的放松应当在整体上与其作为进口国的贸易自由程度相适应。

一、论国家间商品交换理论及商业世界中商业利得在国家间的分配

在李嘉图先生对政治经济学理论加以充实之前，还没有人赋予该学科目前所具有的相对精确和科学的特征，这些特征集中体现在他对于国家间产品交换活动的优势本质所进行的较为准确的分析上。在李嘉图先生之前，即使最睿智的研究者也认为，对外贸易的好处不过在于给剩余产品提供输出渠道，或是使一部分国家资本为利润所取代。种种说法无非在暗示该理论的无用，这显然是李嘉图先生之前的那些作者思考的结果。李嘉图先生在其不朽著作《政治经济学及赋税原理》关于对外贸易的一章中，开创了这方面研究的先河。他摒弃了之前那些模糊的、不科学的、但非明显错误的概念，极其准确地阐述了贸易优势的本质，并给予精确的定量分析。

李嘉图先生指出，在劳动和资本给定的前提下，凭借优势可以进行更大数量的商品交换，而该优势是简单的、唯一的、双方均可实现的。假定两国生产一定量的同一种谷物均需要耗费一定的资本和劳动，那么一国可以进行国际贸易，购买比在本国生产更节约资本和劳动的别国该谷物。外国不必在某种产品生产上耗费比我们多的劳动和资本，而我们对该产品的进口比本国生产更具比较优势。我们甚至可以在生产上具有绝对优势，如果我们在一些别

国需要的产品生产上具有更大的绝对优势，我们可以将具有最小绝对优势的产品生产所需的劳动和资本转移出来，集中于绝对优势最大的产品的生产并与别国进行交换，在此情况下，我们的回报将会更高。出现这种情况的原因不在于决定交换的生产绝对成本的差异，而在于比较成本的差异。英国铁矿开采和棉纺织厂的生产力比瑞典高，但英国仍能从棉制品与瑞典生铁交换中获益，因为我们在棉制品生产上有50%的优势，而在生铁上仅有25%的优势，由此对瑞典出售棉制品的定价基础是其在瑞典国内的生产成本，我们在棉制品生产上50%的比较优势也就转移到生铁上。通过与别国的贸易活动，我们通常可以以更低的劳动和资本获得他们的商品，同时，别国仍能从这些贸易中获益，因为他们在贸易中获得的商品同样是由我们生产更为节约成本的商品。假设一国拥有两种商品A和B，A在劳动成本上比B具有更大的比较优势，那么，该国就可以通过出口A、进口B获得利益。即使该国能够以低于别国的劳动成本同时生产A和B，但成本节约比前述情况中要少，或者该国不能以低于别国的劳动成本生产A或B中任一种商品，但成本浪费比前述情况中要多。

与此相反，如果该国在A、B商品的生产上既没有优势也没有劣势，与别国完全相同，那么也就不存在两国间商品交换的动机。

“假定，毛料和谷物在波兰各需100天的劳动，在英国则各需150天的劳动，由此产生的结果必然是，英国用150天劳动生产的毛料如果运到波兰，将等于波兰用100天劳动生产的毛料；因此，如果与谷物交换，只能换得用100天劳动生产的谷物。但是，前已假设，在波兰需要用100天劳动生产的谷物，在英国需要花费150

天的劳动。因此，英国用150天劳动生产的毛料，在波兰所能换得的谷物，只相当于它在国内用150天劳动所能生产的数量。而且它在进口时还要付运费。在这种情况下，两国是不会交换商品的。”

“另一方面，如果在波兰用100天劳动生产的毛料，在英国需用150天劳动来生产，在波兰用100天劳动生产的谷物，在英国要用不少于200天的劳动才能生产，那就会产生交换的充分动机。英国用150天劳动生产的毛料，虽然只能在波兰购得用100天劳动生产的谷物，但是，波兰用100天劳动生产的数量，却同英国用200天劳动生产的数量一样大。”

“波兰同样能从交易中受惠。波兰以100天劳动生产的谷物，在英国需要200天的劳动才能生产，在这一假设下波兰可以从英国购得200天劳动生产的毛料。”但是“英国150天劳动生产的毛料在波兰仅需100天。”[①]

李嘉图先生关于对外贸易原理哲学阐述的其他部分表明，当前对这一原理的重新阐述不会受到引入交换中介，即货币的影响。与上文的例子所假定的一样，如果国家间的商品交换仍是物物交换，那么贵金属在商品世界中总是按照某一方式分配时，每个国家将进口它原来所进口的产品，出口它原来所出口的产品。

我们将在本文接下来的部分对这一问题进行解释。为方便起见，现在我们仍然假设，交换是一种商品与另一种商品的直接

① 詹姆斯·穆勒:《政治经济学原理》，第三版，第120—121页。

交换。

经验证明,从贸易中获益的两国呈现出在劳动和资本上具有比较优势的产业雇佣人数增加的趋势(为简便起见,这里仅以劳动为例)。假定前提是,每个国家只从事一种产品的生产,将劳动集中于该生产将获得更大的回报,物产的增加使两个国家成为贸易互利的共同体。

这就是本文论证的目的所在,即由劳动节约引起的产量增加是如何在两国之间分配的。

李嘉图先生并未对这一问题给予更多关注,他把注意力转向了更为重要的问题,他致力于创建一门学科,所以没有将时间和精力用于探讨一些重要原理。他的研究足以让其后来者必须耗精费神下足苦功才能拾遗补阙,他已经满足了。他很少将经济学的原理探究得清清楚楚。我们相信,任何人在深刻洞悉其伟大发现的精髓后,都不再会去计较其中的细节,但还是需要有人用足够的耐心和细心去对一些原理寻根究底。

李嘉图先生也没有打算像他所表示的那样,对对外贸易的好处以及这一好处在什么条件下出现做进一步探索,他将其轻率地表述为,似乎进行交换的这两个国家分别获得了两种商品比较成本之间的全部差额。不过,两国劳动的节约以及由此获取的总收益恰好等于两国一种商品与另一种商品的成本之差,两国总的收益不会超过该差额,因此如果一国获取差额的全部,则另一国在贸易中的收益为零。

例如,假定在英国,10 码宽幅毛料上耗费的劳动与 15 码亚麻布一样多,而在德国,10 码宽幅毛料上耗费的劳动与 20 码亚麻布相同。那么，如果英国将10码宽幅毛料运往德国，按照德国的生产成本就可以换回20码亚麻布，而其中耗费的劳动在英国仅能生产15码亚麻布。因此，英国的每15码亚麻布可赚取德国的5码亚麻布，收益率为33%。但在这种情况下，德国用20码亚麻布仅能换得10码毛料，即在德国10码毛料和20码亚麻布所花费的劳动相同，因此，德国并没有从贸易中获益，与其这样，德国还不如不卖。

另一方面，如果德国将15码亚麻布运往英国，却发现两种商品在当地的相对价值由英国的生产成本决定，即15码亚麻布能换得10码毛料。因为在德国用于生产10码毛料的劳动如果用于生产亚麻布，能够生产20码，这样，德国就像前面英国的做法一样，15码亚麻布变成了20码，获得5码的收益。但是在此情况下，英国却一无所获：她用10码毛料仅能换得15码亚麻布，而这种交换比例恰好等于在国内生产这两种产品的相对成本。

上述观点本身并没有错误，只是李嘉图先生忽略了贸易收益在国家间如何分配这一悬而未决的问题，这个问题首先在詹姆斯·穆勒的《政治经济学原理》第三版中得到纠正。然而，穆勒先生没有对该问题做进一步分析，这确实和他对李嘉图先生理论的一贯态度不符。

1. 在两国发生贸易活动时，两种商品将以相同的交换比例在两国交换（为分析方便暂时忽略运费）。因此，为方便论证，假定商品从一国到另一国的运费不影响劳动和成本，则贸易一旦开放，两国间商品交换比例将趋于一致，这是不言自明的。

如果我们知道该比例的具体数值，就可以算出贸易利益在两国间的分配比例。

当两种商品都在一国国内生产时，在英国 10 码毛料可换得 10 码亚麻布，在德国可换得 20 码亚麻布。如果在两国 10 码毛料可以换得相同数量的亚麻布，那么亚麻布的数量是多少呢？如果为 15 码，英国将同过去一样，而德国将获得全部利益。如果是 20 码，则两国情况刚好相反。如果是 15 码和 20 码之间的任一数值，则利益将由两国共享。例如，如果所有毛料换得 15 码亚麻布，则英国每 15 码亚麻布赚 3 码，而德国每 20 码亚麻布节约 2 码。

问题在于，是什么决定了英国毛料与德国亚麻布的交换比率？

这就涉及交换价值的问题。在一种商品与另一种商品的交换比率背后，一定存在某种决定因素。另外，交换价值规律不会因交换条件发生改变而更加难以确定。

当然，通常情况下这一规律不会完全一致。如果两种商品的生产区域紧邻，在劳动力没有被迫或者主动向外迁移的条件下，资本家选择生产其中哪种产品，两种产品以怎样的比率相互交换等问题，一般都要取决于同样劳动投入下两种产品的产量。但是，该理论不适用于这两种产品分别在不同国家进行生产的情况，原因在于，人们通常不会为了一点点利润的差异而离开自己的国家，甚至不会向国外输出资本，但是，正是这一点点利润差异就足以影响商人们在本国和邻国的商业选择或投资选择。

由此，交换价值与生产成本成比例的原理就不适用于上述情况，因此我们必须回归生产成本之前的原理，从中寻找国家间持续的商品流动的原因，也就是供求原理。

为了更好地运用供求理论解决目前我们面临的问题，必须准确界定理论本身及需求所包含的内容，以排除以往表述中对理论运用造成困扰的不精确的用词。

众所周知，可售商品的数量随价格变动而变化。价格越高，购买的人越少，售出的数量则越小。价格越低，一般来说购买的人越多，可以售出的数量也越大。该理论适用于几乎所有商品：尽管某些商品要用更高的价格才能在一定程度上减少其消费。

无论什么商品，总是存在某一价格水平，在此价格水平上，该商品某一给定市场的供应量将恰好全部售出，不多也不少。即任何商品在市场竞争的作用下都能以某个价格售出。如果价格偏高，供应的商品不能全部售出，那么在竞争压力下，价格会降低。反之，如果价格偏低，买方将要求增加商品供应量，购买者之间的竞争将提高商品价格。

这就是分析的出发点，我们所说的价格，或称交换价值，取决于供给和需求。如果继续追问，那么更准确的表达是，价格具有自我调节功能，需求一定足以消化供给。

现在，我们将供求原理运用到英国和德国之间的毛料和亚麻布的交换问题，那么问题就迎刃而解了。

众所周知，在本例中和其他任何情况下，虽然交换价值是不断变动的，但是无论变化起点在哪里，我们很快会发现它的变化存在某一固定点——交换价值在该点附近上下波动，不断趋近并最终稳定于该点。

按照亚当·斯密建立的所谓市场的“讨价还价”机制，我们假定两国间交换比率是10码毛料交换17码亚麻布。

如前所述，对某一商品的需求，即商品能找到买主的数量随价格的变动而变动。在德国,10 码毛料的价格现为 17 码亚麻布,按照该价格,将存在对一定数量的毛料的需求,或者说在此价格下,一定数量的毛料将被售出,而高于或者低于该价格,毛料要么供大于求,要么供不应求。我们假定毛料的数量为 1000×10 码。

然后分析英国的情况。在英国,价格水平是 17 码亚麻布交换 10 码毛料,或 17 码亚麻布在货币量上等值于 10 码毛料。按照这一价格,存在一定数量的亚麻布恰好满足需求,不多不少。我们假定亚麻布的数量为 1000×17 码。

因为 17 码亚麻布等价于 10 码毛料,因此 1000×17 码亚麻布等价于 1000×10 码毛料。按照目前的交换价值,英国所需的亚麻布数量恰好等价于德国所需的毛料数量,双方的需求恰好足以消化对方的供给。供求原理发生作用的条件得以满足,两种商品将按照我们设定的交换比率进行交易,即 17 码亚麻布交换 10 码毛料。

但是,我们可以做不同的假设。按照上面假定的交换比率,假设英国有意愿消费的亚麻布数量仅为 800×17 码,则该数量不足以平衡德国所需的 1000×10 码毛料。按照这一价格,德国所能获得的毛料数量仅为 800×10 码。为了满足剩余 200×10 码的毛料需求,德国将不得不提高其购买价格,因此为换得 10 码毛料,她将提供超过 17 码的亚麻布,假设它为 18 码。在 10 码毛料换得 18 码亚麻布的价格水平下,英国可能愿意增加亚麻布的购买数量,假设增加到 900×18 码。另一方面,由于毛料价格上涨,德国对毛料的需求或许会减少,从 1000×10 码减少到 900×10 码,这一数量恰好与英国变化后的 900×18 码亚麻布的需求量等价,双方的需求重新足以消化相应的供给，两国间商品交换比率变为 10 码毛料交换 18 码亚麻布。

相反，假定英国在 10 码毛料换得 17 码亚麻布的交换比率下需求量增加为 1200×17 码亚麻布，则其需求不能得到满足，由此交换比率将朝着不利于英国的方向变化，10 码毛料换得的亚麻布数量低于 17 码。由于毛料降价，或者亚麻布涨价，德国对毛料的需求将增加，而英国对亚麻布的需求将减少，直到交换比率自行调整到双方对于毛料和亚麻布的需求恰好等价为止，而一旦到达该点，交换价值将保持不变。

由此推断，当两国就两种商品进行贸易时，两种商品的相对交换价值将按照两国消费者的偏好和经济状况进行自我调整，以使得一国对其邻国商品的进口需求恰好等价于邻国对该国商品的进口需求。由于消费者的偏好和资金状况不能简单地遵循某一规律，因此两种商品的交换比率也是如此。我们知道，交换价值的变动有一定限度，即介于两种商品在一国生产成本比率与其在另一国生产成本比率之间。10 码毛料不能交换多于 20 码或少于 15 码的亚麻布，只能是介于 15 码和 20 码之间的某一数值。因此，两国分享贸易利得的比率是多个而非一个。决定贸易利得在国家间分配的间接因素很多，只能被笼统地加以概括。

甚至可能出现一种极端情况，全部贸易利得为一国拥有，而另一国一无所获。某种商品在任何价格水平上都有一定量的需求，当需求满足后，即使交换价值下降，其他消费者的购买和生产者的供给也不会增加，这并非荒谬的假设。假定毛料在德国的情况就是如此，在与英国进行贸易之前，在德国 10 码毛料与 20 码亚麻布所花费的劳动一样多，德国对毛料的消费量和需要量不变，并未因10码毛料换得15码亚麻布的交换价值而有所增加。假设毛料消费数量为1000×10码，按照10码毛料换得20码亚麻布的交换比率，英国所需的亚麻布数量将超过与1000×10码毛料等价的亚麻布数量，因此，她将以较高的价格购买亚麻布，或者以较低的价格出售毛料。但是，由于毛料价值的降低并不能扩大德国的购买量，因此亚麻布价值的增加和毛料价值的减少在英国将持续下去，直到英国对于亚麻布的需求量由于价值的增加而减少，减少到与1000×10码毛料等价的数量为止。要使需求减少，毛料的价值只能降到10码毛料换得15码亚麻布。至此，德国将获得全部贸易利得，而英国与贸易发生前相比没有改变。然而，德国为了免受英国国内生产者的排挤，会使亚麻布的价值略低于其在英国的生产成本。因此，英国也会在某种程度上从贸易现状中获益，当然，这种利益非常微小。

总的来说，两国的需求随价格的变化而发生不同程度变化的极端情况很少发生。贸易利得一般会在两国间公平分配，这较极端不平等的情况发生的概率要高，当然，总的来说，分配不平等比分配完全平等更加常见。

2. 我们现在要检验上述适用于易货贸易的交换理论在引入货币后是否依然有效。李嘉图先生明白自己更为一般的理论经得住检验；并且，因为我们刚刚阐述的观点不过是其理论的进一步发展，通过略微（不用太多）改变一商品与另一商品相交换的模式，我们可以看出情况并不是太糟。

首先，我们可以任意假定货币的价值。我们假设，在两国开放贸易之前，毛料的价格在两国相同，即每码6先令[①]。因为在英国10码毛料可以换得15码亚麻布，在德国可换得20码，则亚麻布的价格在英国为每码4先令，在德国为每码3先令。运费和进口商的利润不计。

在此价格水平下，英国显然不会向德国出口毛料，但德国可以向英国出口亚麻布，当然，亚麻布是以货币支付的。

货币从英国向德国的流动将使德国的货币价格上升，英国的货币价格下降。亚麻布在德国的价格涨到每码3先令以上，毛料则涨到每码6先令以上。英国从德国进口的亚麻布（不计运费）价格将跌到与德国同样的价格水平，而毛料价格将跌破每码6先令。一旦英国的毛料价格低于德国，英国将向德国出口毛料，由此毛料在德国的价格将会降至英国的价格水平。只要出口的毛料不足以支付进口的亚麻布，货币就会持续从英国流入德国，英国的价格水平将进一步下降，而德国的价格水平将上升。然而，英国毛料价格的下降会带动德国毛料价格的下降，由此毛料的需求会增加。德国亚麻布价格的上涨将带动英国亚麻布价格的上涨，由此对亚麻布的需求会减少。虽然毛料价格下跌引起出口的增加，亚麻布价格上涨引起进口的减少，但出口货币总值可能增加，进口货币总值可能减少。随着毛料价格下跌，亚麻布价格上涨，两种商品将在某一价格水平上实现进出口价值相等。由于在这一价格水平下，货币从英国向德国的流动停止，所以，该价格水平得以维持。这一价

① 使用的数字当然是武断的，没有参考任何现行的价格。

格或许取决于外部条件或双方购买者的偏好。如果在德国毛料价格的下降没有带来需求的激增,在英国亚麻布价格的上涨也没有带来需求的锐减,则在两国建立均衡前将有大量货币的流动,毛料价格或许会降得非常低,同时亚麻布的价格涨得非常高,直到英国不得不为此支付相当于本国生产成本的高价。相反,如果在德国毛料价格的下降引起需求激增,而德国亚麻布价格的上涨引起英国需求的锐减,远低于两国开放贸易之初的首轮降价影响下的需求量,那么毛料将很快等价于亚麻布,两国间将不存在货币流动,英国将获得贸易利得的大部分。这样,以货币为媒介的贸易和物物交换贸易下的结论完全一致。

贸易利润在两国间如何分配已经一目了然。在通商之前,德国每年以每码6先令的价格购买宽幅毛料,现在德国可以用更低的价格获得毛料。然而,这并非通商带来的全部好处。由于德国其他商品的货币价格上涨,国内生产者的货币收入增加。由于相互购买时物价上涨幅度与收入上涨幅度相同,生产者并没有得到实惠。但是在他们购买尚未涨价甚至降价的商品时,就收益颇多。因此,作为毛料购买者的生产者,不仅仅从其价格下降中获益,而且在一定程度上从其他商品价格的上涨中获益。假定价格涨幅为十分之一,其货币收入中与以前相同的份额就足以支付其他需要,而其余的部分即增加的那十分之一,使他们能够购买比以前多十分之一的价格不变的毛料,即使毛料价格没有下降也是这样,但如果毛料价格下降,他们就能双倍获利。如果他们不愿增加毛料的消费量,也不会妨碍其获益。他们可以用更少的货币获得相同的数量,并有了更多的货币可以用于其他需要。

相反，在英国出现了普遍的货币价格下跌，其中亚麻布由于受到廉价进口品的冲击，在所有降价商品中跌幅最大，而其他商品的价格下跌仅是货币流出的后果。尽管如此，货币价格下跌并未使英国的生产者受影响，而他们还会在购买亚麻布时获益。

为恢复均衡而流出的货币数量越大，德国的收益就越多，德国的收益既来自毛料价格的下降，也来自其整体物价的上涨。相反，货币流出数量越小，英国收益越多，因为亚麻布价格将继续走低，同时其整体物价降幅趋缓。然而，从两国自身来看，并非高物价好而低物价不好，但在任一国家，整体货币价格越高，国家购买进口商品的购买手段也越多，但这并不是一国物价持续上涨的因素。

3. 到目前为止，我们一直假设运费与劳动和成本无关。如果放弃该假设，我们就必须略微修正一下对这个问题的阐述。两国贸易开始后，两种商品的价格在两国不再相同，商品在各国的交换比率也不一致。在德国，10 码毛料可换得的亚麻布数量高于在英国可换得的数量，高出的部分相当于毛料运往德国和亚麻布运往英国的运费加总。亚麻布的运费使亚麻布在英国的价格高于德国，毛料的运费使毛料在德国的价格高于英国。

很明显，运费在某种程度上是对贸易带来的劳动节约的抵消。因此，进行贸易的两国都由于两种商品运费的存在而使贸易利得有所减少。但是问题在于，两国中的哪一国来承担利得的减少，或者这种减少如何在两国间分配。

表面看来，各国将承担自己的运费，即各国都要支付其进口商品的运费。按照这一假设，各国从劳动力节约中的获益须扣除将商品从别国进口到本国的成本。这一结论在上述条件下貌似合理，运费的出现使得同一商品在进口国的价格高于出口国。如果亚麻布在英国的售价高于德国，其高出的部分应和由英国支付的运费相等，毛料在德国的情况也是如此。

但是，如果我们用已知理论分析这些问题，则会发现这绝非普遍规律：事实可能与其相符，也可能不相符。

假定价格具有自我调节功能，不管如何调节，进口和出口总要相互平衡，当然，因为有运费，每种商品在进口国家的价格会高于出口国家的价格。现在假定两国的运费突然奇迹般消失，商品可以无成本地在国家间自由输送。如果两国之前各自承担运费，则现在可获得运费的节省。即毛料价格在德国会降至与在英国一样的水平，亚麻布价格在英国也会降至与在德国同样的水平。

现在假设，价格的下降确实发生了，并且会影响双方的需求，这种影响对于两国要么是均等的，要么是不均等的。如果降价对双方的需求根本没有影响，或者影响均等，那么就是以同样的方式产生影响。如果发生上述任何一种情况，那么毛料和亚麻布将像以前一样实现进出口平衡：国家间没有货币流动；双方的价格将下降到某一点，在这一点，各国恰好获得进口商品运费的节省。

但在价格下降对于双方国家的需求影响不均等的情况下，均衡结果应由两国的需求来决定。例如，假设在德国，毛料的价格由于运费的节省而有所下降，但却没有增加德国的毛料需求，而同样原因也使得亚麻布在英国的价格下降，但增加了英国的亚麻布需求。亚麻布进口所要求的价格高于毛料出口所获的价格，差额部分由货币支付：两国间贵金属分布的变化会使英国毛料价格下跌（最终德国也要下跌），同时德国亚麻布价格上涨（最终英国也要上涨)。因此,运费消失后,德国在亚麻布价格变化中节省的部分多于其亚麻布运费的节省,而英国在毛料价格变化中节约的部分少于其毛料运费的节省。但是,如果运费奇迹般地消失,那么英国没有从中获得全部进口商品运费的节约,即英国在运费存在时没有支付其进口商品的全部运费。

因此,贸易成本和贸易收益在国家间的分布遵循同样的原理。到目前为止,关于成本,我们可以确认的唯一一般性理论是,成本会使收益减少。有人怀疑成本和收益是否按相同比例在国家间进行分配,因为商品价格下降引起的需求增加量没有固定规律可循。例如,假设收益恰好平均分配,这一定是因为贸易带来商品价格大幅下跌,这种情况要么对需求毫无影响,要么对双方的影响均等。现在存在这样的推论,即需要承担运费的进口商品引起价格一定程度的下跌,但不能据此认为,运费的额外节省本身带来商品价格的进一步下跌,这种价格下跌在同样程度上影响两国的需求。同时,我们不能就此被告知需要承担这一费用,而这一费用即使得到节约,也是对其他人的节约,而不是对我们的节约。两国对于贸易净收益的分配均等,但对于节省的运费的分配则不可能均等。如果是这样的话,两国的总收益按照一个平等的比率分配,而成本按照另一个不平等的比率分配,那么各自扣除成本后剩余的净收益部分却有可能相同。

4. 现在的问题是,任何国家通过立法,是否可以独占对外贸易中较大份额的利得,而不是在自然或自发的贸易过程中让利得下降?这个问题自然会出现。

答案是肯定的。例如,通过对出口征税,在一定条件下,我们

可以将贸易利得朝着有利于自身的方向进行分配。在某些情况下，我们可以通过税收以外的其他手段，不仅让外国人支付全部税收，而且让外国人支付税收以外的东西：在另一类情况下，我们可以得到全部税收，再一种情况下，拿不到全部税收。在本部分最后一种情况下，我们自己可能要承担一部分或者全部税收，当然也有可能获得比全部税收更多的东西。

假设英国对其出口的毛料征税，当然税赋不会高到使德国自己生产毛料，那么在德国毛料的售价中就包括税收。这种情况有可能削减德国的毛料消费量。消费量或许大量减少，销售收入下降。或者，销售数量减少的比率恰好使销售收入与之前持平。或者，毛料价格上涨对于销售数量影响甚微，提高的价格带来更大的销售收入。在后一种情况中，英国不仅从税收中获益，而且可以向德国转嫁一部分成本。因为英国对德国出口商品的货币价值增加，而从德国进口商品保持不变，货币将从德国流入英国。英国毛料的价格因此上涨，进而波及德国，而德国亚麻布的价格因此下跌，进而波及英国。英国毛料出口减少而亚麻布进口增加，直到新的贸易平衡建立为止。因此，初步看来，在某种构想条件下，英国因为对出口征税，不仅会从对国外消费者征税中获益，而且能使其进口商品更加廉价，这一结果乍看令人惊讶，却是事实。英国使进口商品价格降低的途径有两条，即以更少的货币支出或更多的货币收入购买进口商品。而德国将遭受双重损失：一方面，她不得不为毛料支付更高的价格，这是税收和对英国的货币流出共同造成的；与此同时，可流通货币在地区间分布的改变使德国可用于购买商品的货币数量进一步减少。

然而,这只是三种可能性中的一种。如果征税后德国对毛料的需求减少,而总的货币价值不变,则贸易均衡没有打破:英国将从税收中获益,德国遭受损失,而其他保持不变。再假设,征税引起需求减少,德国的货币收入减少,进出口不再平衡,则货币必然从英国流入德国,德国在贸易收益中的份额将增加。货币在国家间的转移使得英国的毛料降价,当然德国的毛料也会降价。因此,德国将不再支付全部税收。同样,德国的亚麻布会涨价,并因此引起英国亚麻布价格上涨。一旦这种价格调整引起需求的变化,毛料和亚麻布又能够相互抵消,结果是德国仅负担少部分税收,其余进入英国国库的税收则间接由英国国内的亚麻布消费者支付,他们为进口商品支付了因为我们对出口征税而上涨的价格,同时,由于货币的流出和出口价格的下跌,他们可用于购买高价亚麻布的货币收入也在减少。

这并非不可能发生,对出口商品征税后,我们可能从国外一无所获,反而要自掏腰包纳税,甚至可能迫使本国消费者向外国人重复纳税。假设德国对毛料的需求由于征收关税而大幅减少,则德国所需货币价值要少于从前,但在这一例子中,英国亚麻布的情况却不同,英国的亚麻布价格上涨后,需求仅有轻微减少或基本没变,则英国所需货币不降反升。如前所述,征税的第一个效应在于出口毛料所得不再能够支付进口的亚麻布。因此,货币将从英国流入德国。由此造成的一个后果是提高了亚麻布在英国的价格。但是,如果假设更高的亚麻布价格使亚麻布的销售收入增加,那不但不会停止货币的流出,反而会使流出量增加。因此,进出口平衡的建立只能通过英国毛料价格下跌,并带动德国毛料的降价,这是同时出现的征税的另一个效应所在。尽管毛料价格将一直下降到加税价格等于未加税价格为止,但也并不必然止住下跌趋势,同样的出口所得将不足以支付进口商品的上涨价格。尽管德国消费者仍按原价购买毛料,同时货币收入有所增加,但仍不能确定他们愿意将增加的收入用于毛料的消费。毛料的价格因此必须下降,以达到新的贸易平衡,降价的幅度甚至要超过税率。德国或许能够以比征税前更低的价格进口毛料,其获益来自英国亚麻布消费者的支出。英国对毛料出口征收的关税将转嫁到本国消费者身上。

这就是出口关税①对国家及其消费者带来的各种完全不同的影响,由于各决定因素的不确定性,因此几乎不可能有确定的结果,甚至在关税征收之后,各方的得失情况也不确定。然而有一点是肯定的,一方所得即另一方所失,征税是有成本的。因此,如果国际道德规范得到极其严格的正确理解和执行,那么,损害共同福利的关税就不应该存在。而且,关税的征收通常并且总是使一国面临其他未征税国家出口商和进口国国内生产者的竞争,该国因此不得不放弃某一贸易项目,或者减少贸易利得。因此,即使从最

① 我们不相信一次必须引入所有可能改变文中提及的可以修正结果的前提条件。例如,在第一个例子中,德国对毛料的需求不受征税带来的价格上涨的影响,因此,购买量在货币价值上超过之前的水平。当德国消费者在毛料上支出增加时,他们用于购买其他商品的货币减少,其他商品货币价格下降;其他商品包括亚麻布;并且,亚麻布的降价可能增加英国对于亚麻布的需求,在没有货币流动的情况下以此重建进出口的平衡。但是英国国库仍能从对德国征税中获得全部好处,另外,英国民众也能买到更加便宜的亚麻布。再者,在相反的情况下,如果税收使需求减少,购买所需的货币价值比以前减少。因此,德国消费者不得不在其他商品上增加支出,其他商品包括亚麻布,这可能导致英国对于亚麻布的需求下降,在没有货币流动的情况下以此重建进出口的平衡。但是,在贸易利得的分配上,所产生的效果仍如文中所述。

自私的角度考虑,征税的收益也是绝对不确定的。

5. 我们已经讨论过对出口商品,即对外国人征税的一部分最终由自己承担的例子。因此,对进口商品征税的一部分同样会由我们自己承担,这一发现并不出人意料。

假定不对出口的毛料征税,而对进口的亚麻布征税。关税并非所谓的保护性关税,即保护性关税的税率高到足以诱使本国自己生产为止。如果征收保护性关税,毛料和亚麻布的贸易将彻底结束,两国会失去以前相互交换这种商品的全部贸易利得。因此,我们只是假定所征关税仅仅减少商品消费量,而不会阻止我们继续进口所消费的亚麻布。

即使征税引起亚麻布消费量略有下降,贸易平衡也将被打破。因为只要税收由本国消费者承担,尽管英国的消费者要承受更高的价格,德国的出口商却得到与以前相同的价格。因此,如果购买量稍有缩减,即使消费者对此商品的支出有所增长,英国流向德国的货币量仍要减少,这笔货币数量不足以弥补德国购买英国毛料的货币量,差额部分必须以现金支付。因此,德国的物价下跌而英国的价格上涨,德国市场的亚麻布价格下跌而英国市场的毛料价格上涨。德国人将为毛料支付更高的价格,而其可支配收入却减少。同时在英国,虽然亚麻布价格由于征税有所上涨,但由于可支配货币收入增加得更多,亚麻布实际价格下跌。

如果征税并未引起需求的减少,则贸易均衡不会改变,进出口保持不变,税收全部由我们自己承担。

但征税总是或多或少会引起需求的减少,它从不或很少能增加需求。当征税是出于税收考虑,而非部分或全部禁止贸易活动时，对进口商品征税总会部分由消费进口商品的外国人承担，这或许是一条定理。而且，在对进口商品征税的模式中，国家总会成为受益者，同时外国人遭受损失，国家收益高于不征税时国际贸易带动劳动力和资本生产效率的提高给国家带来的好处。

促使本国生产本该进口的商品的保护性关税则不会带来这种收益，这是不言自明的。全世界资本生产率提升带来的劳动力节省是贸易的影响之一，这也是非保护性关税征收国家的着眼点所在，而这是阻碍任何生产力提高的保护性关税难以做到的。

因此，从实际立法的角度考虑，进口关税分为两类：一类鼓励国内某些特定产业分支的发展，而另一类抑制其发展。

无论对于征收国家还是与其进行贸易的国家，前一类关税绝对是有害的。他们阻碍了劳动力和资本的节约，而节约下来的劳动力和资本按比例分配到进口国和其他愿意购买本国正在或可能出口产品的国家。

第二类关税并非鼓励一国以另一国为代价谋取私利这一模式，而是允许交换活动的发生，就像不存在关税一样——然后在所有商业活动中实现劳动力的节约，而这是构成国际贸易的动力之一。这类进口关税的征收对象是任何本国无力生产的产品，并且不会高到使产品的国内生产成本等于其国外生产成本。进入任何一国国库的税收一部分来自本国人，剩余部分来自外国消费者。

虽然征收基础不尽相同，但从理论上看第二类税收和第一类税收同样是不妥当的。保护性关税即使最终有效，但不会给征收国带来收益，只会带来损失。相反，在大多数情况下，尽管非保护性关税的一部分要由其他人来承担，但其作为一种谋利方法会成为征收国的收入来源。尽管如此,我们仍不建议采用,因为很快会引起对方采取同样的报复措施。

在英国与德国的贸易中,如果英国通过对毛料征税来获取多于其应得的贸易利益,德国将不得不对亚麻布征税,税收引起的亚麻布需求下降与毛料需求下降相当。除非双方税赋总额超过贸易利得,贸易完全终止,否则结果不变,各国的税收仍由自己承担。

因此,从收益角度分析,这类税收毫无价值。但是只要保持对商品征税,只将其作为收入来源,那么人们就会习以为常而不加反对了。此外,互惠的考虑显然在讨论撤销这类关税时非常重要(当然在保护性关税的讨论中互惠性并非本质属性)。一国不能放弃对外国人征税的权利,除非外国人做出同样的承诺。国家要尽可能避免在他国征税时利益受损,唯一的解决办法就是采取同样的措施。只有这样,才能保证关税不至于高出贸易利得,进口全部取消,使得某些商品要么自产,要么从其他更贵的市场进口。

关于进出口补贴的例子所证明的理论没有必要加以应用。应用虽然容易,但目前的结论没有特定意义或重要价值。

6. 任何使一国与他国进出口贸易发生变化的因素,一定会改变贸易利得在两国间的分配。假定某些出口商品或以往不能出口的商品,其生产出现了新工艺,生产成本大大降低导致别国对其需求猛增,这当然会引起别国货币的流入,从而降低本国进口商品的价格,直到由此引起的进口增加使得新的贸易均衡得以重建为止。因此,新增出口产品将使该国的进口成本下降。这不仅是贸易利得的重新分配,而且是新发明所创造的新的贸易利得。

但假定把提高该国产业效率的发明应用于其他国家,生产工艺完全相同，并且成本同样低廉。那么新的出口将终止，贸易回到原来的轨道，流入的货币重新流出，发明该工艺的国家将失去由此而增加的贸易利得。

现在以我们刚描述的机器设备出口为例进行解释。

如果外国人可以使用机器来生产我们目前出口的任何产品，且生产成本低于我们的售价，那么除非我们从机器本身的生产或利用机器进行生产中获益颇丰，否则允许机器设备的出口将使我们在贸易中处于劣势。我们的出口将逐渐减少，为达到进出口平衡所需支付的货币将越来越多。我们从机器进口国进口的商品价格将上涨，即使没有涨价，减少的货币收入也会让我们无力购买。直到进口品价格高于我们自己生产的价格，或者之前不能出口的商品由于价格下跌而可以出口时，进出口平衡才能重建。在前一种情况下，我们失去所有的进口利益，不得不在本国以更高的成本生产。在后一种情况下，我们继续进口，但价格越来越高。

尽管如此，不管出于国际道义还是明智的政策，我们仍不应对机器设备出口设限。显然，所有国家的共同利益在于千方百计保证其所处商业世界的整体福利不会减少，尽管这样可能会使其自身应得的贸易利益减少。总有一天，各国都会认识这条真理的重要性，并以此来指导其各种贸易政策。而且，拥有先进设备的国家同意，生产上具备最优越自然条件的国家如果拥有这些先进设备，从而对于所售商品的生产工艺加以改进，那么将会对其他国家产生同样的贸易利益。如果出口机器设备的国家在贸易中受损，他将从所购买产品生产工艺的改进中获益。并且按照互惠原则，出口机器的国家在与其他国家的交往中将拥有更多话语权。当他的观点得到其他国家的普遍赞同时，对于贸易的限制将消失，一国不会被强制放弃为其带来真正利益的贸易活动。

7. 上述讨论告诉我们实际影响出口的因素是怎样对进口价格产生影响的。按照以往国际贸易均衡的理论，结合当今所谓实践者的共识，商业利益的唯一源泉在于出口，而进口有害无益。看出这种观点之荒唐的政治经济学家公开宣称商业利益来自，并且只能来自进口，他们不时要承受对事实疏于观察的恶果。出口本身虽然不重要，但对进口的影响却很大。这种影响的真实性和广泛性在于，每一个对我们产品开放的新的市场、每一个对我们产品新增的国外需求，都可以使我们以更低的成本获得国外的商品。

让我们回到最早和最简单的物物交换例子，这比任何涉及货币的公式都更明白易懂，更容易揭示交易真相。假定 10 码毛料可换得 17 码亚麻布，德国对毛料的需求为 1000×10 码，两国按此比率交易，英国的亚麻布需求不多不少，恰好为 1000×17 码。毛料和亚麻布刚好能相互支付，双方不必为此降价销售，以换取所需商品。

现在，如果德国的财富和人口增加，则该国对毛料的需求也增加，而英国对亚麻布的需求并未因此增加。例如，假定德国愿意以上面的比率获得 1000×10 码毛料，这显然不会促使英国出售毛料，除非德国的报价更有利于英国——即价格变为 10 码毛料换得 18 码或者 19 码亚麻布。这样贸易利益将向着有利于一国的方向倾斜，有利的程度与国外增长的商品需求相当。

有商品需求的国家甚至不必用任何商品去交换。假定一国向我国的商品开放市场，想要购买我国丰裕的物产，但却不能向我们提供任何产品，因为任何提供的商品在我国生产成本更低。尽管如此，贸易活动仍能使我们以较低的价格获得其他国家的商品。在商品仅限于出口的起始阶段，我们必然会收到大量的现金支付，这样，我们的顾客将可以通过与其他国家的商品交换进行补偿。因此，除了我国商品价格较贸易之前有所提高之外，其他所有国家价格都偏低，我们以较低成本获得其他国家的商品，对外支付较少，同时货币价值较低。

8. 该理论另一典型应用有助于我们解释出口国之间的竞争问题，或者按照重商主义的说法称之为过度销售，并将其划入严格的科学领域。政治经济学家经常忽视这点，在他们纯粹的科学研究中，他们暗中几乎完全将其按惯例略去，而正是这些条件对一国的出口产生直接影响，进而影响其贸易。

回到之前的例子和数字。假定英国和德国在毛料和亚麻布上已经建立贸易关系，即 10 码毛料换得 17 码亚麻布。现在另外一国佛兰德也生产亚麻布，在德国和英国已经确定 10 码毛料换得 17 码亚麻布的前提下，英国和佛兰德的交换比率设为 10 码毛料换得 18 码亚麻布。显然，德国也要用 18 码亚麻布才能换得 10 码毛料，忍受贸易利得的减少，否则就将退出贸易。如果英国和佛兰德的需求博弈使得 10 码毛料不是换得 18 码亚麻布，而是 21 码(在德国两种商品生产比较成本为 10∶20)，很显然德国无力竞争，只能失去全部而非部分贸易利得，并退出贸易。

德国可能向英国出口其他商品使得从英国进口毛料仍有利可图。这一做法是否可行很难说。如果德国用其他商品支付毛料，价格可能更高，因为事实证明，在所有自由选择中，用亚麻布换毛料是德国最有优势的。当德国用17码亚麻布交换10码毛料时，他花费的劳动力最少。由于竞争压力，德国连续上调交换比率至17.5，18，18.5，但最高只能是19码亚麻布换10码毛料。出于节约劳动力的考虑，德国或许更愿意以10码丝绸来交换（这里假定在英国10码毛料换10码丝绸）。虽然德国可以低价从某地购得丝绸转而向英国出口，以换取毛料，但显然贸易利得在英国和德国间的分配向着不利于德国的方向变化。

在货币充当交易媒介的情况下，不难发现同样的结果会以相同的方式出现。英国和德国间的毛料和亚麻布交易已经存在，佛兰德以低于德国所能承受的价格生产亚麻布。德国的出口将暂停，以货币支付的毛料进口还在继续。货币从德国的流出使德国降低了自己商品的价格，而抬高了英国的价格。德国将为毛料支出更多，或者以币值更高的通货进行支付。因此，作为毛料消费者的德国开支越来越大，直到其亚麻布的价格跌到与佛兰德一致，或者德国可以出口以前不能出口的商品为止。在上述任何一种情况下，贸易继续恶化，而德国的贸易利益将减少。①

---

① 将买卖双方作为一个整体来看，整个世界总会从低价倾销中获益。在上述假定情况中，如果英国迫于通商条约而将来自佛兰德的亚麻布从本国市场逐出，世界的总体福利如果完全受其影响的话，那么将会减少。

那么，什么原因使得佛兰德亚麻布的价格低于德国呢？如果佛兰德参加贸易，他将以有利于英国的交换比率用亚麻布换得毛料。佛兰德为什么能这么做呢？原因或者在于佛兰德生产亚麻布花费的劳动力少于德国，因此两国间分配的全部贸易利得属于佛兰德的份额多于德国的份额，或者虽然整体贸易利得中属于佛兰德的份额没有增加，反而减少，在同样的交换比率下，佛兰德对于毛料需求的增加多于德国对于毛料需求的增加。在前一种情况下，将佛兰德的亚麻布从英国逐出会阻碍整个世界获得更多而不是更少的劳动力节约。在后一种情况下，这种驱逐对于它原本要达到（接下页注）

按这种模式所述，以前向欧洲提供制成品的国家并非拥有自然和长久的优势，而是与其他国家相比处于更高的文明阶段，而一旦其他国家也达到同样的文明程度，他们的优势就没有了。伦巴第和佛兰德割据欧洲中部，他们向整个欧洲提供各种服装和装饰品，这之后，荷兰向世界大部分地区提供船舶和用船装载的几乎所有货物。所有这些国家在当时都拥有前所未有的巨额资本，但最终仍被其他国家取代，失去其在世界贸易利益中的大部分收入，他们的资本收入也因此萎缩。我们发现其他原因也可能导致该结果，但上述分析应为主要原因。

在最近的战争期间，掠夺来的资本据说创造巨大收益，其原因是相似的。我国对于海洋的排他性占有将曾向我们进行廉价倾销的所有人都排除在市场之外。

1815 年之前，法国、俄国、荷兰和美国采取了更为严格的商业政策，这无疑极大损害了这些国家的利益，因为他们有意设置的关税确实具有保护性，也就是说，这使得商品生产的国内成本居高不下，而无法从国外进口。虽然关税主要损害征收国的利益，但也给英国带来很大损失。出口的削减，或者出口增幅的下降，使得英国国内进口商品价格比自由贸易时期有所上涨。

(接上页注)的唯一目的，即保证德国的利益，不起作用，除非在从英国逐出佛兰德的亚麻布的同时也逐出佛兰德的货币。因为佛兰德人可以用货币支付英国的毛料，直到佛兰德人的支付价格跌到他能用其他商品支付毛料为止；并且，最终结果是，随着英国毛料价格上涨，德国将支付更高的价格，因此尽管有条约在先，德国必然损失一部分贸易利得；而事实上，英国对德国亚麻布的支付价格不变，但是，英国国民的货币收入会增加，同样的货币价格意味着更少的牺牲。

同样的推理过程的另一明显应用告诉我们，这种看法具有现实基础，由于得到他国在过去所谓的商业利益上的让步，或者限制一国殖民地购买除宗主国之外的其他任何国家的商品，该国可能获益。在刚刚所做的数学描述中，显然如果英国和德国就排他性购买亚麻布达成协议，那么两国间即将终止的贸易会继续，并且德国继续以较低的价格从英国购得毛料，而不是以较高成本在国内生产。假定英国是德国的殖民地，通过强迫殖民地人民与其交易，德国可以获得实实在在的好处，当然这与殖民地政策创始人的初衷相悖。

然而，以其他国家利益为代价获得的贸易利益至少等同于税收或贡金。现在，如果一国有理由，或是将脆弱的优越感作为理由坚持向其他国家索要贡金，那么，这种最直接的方式反而是最好的。首先，它最明白易懂，不需要伪装或技巧。其次，因为它允许该国人民缴纳贡金，这被认为是所有敛财方式中最人道的。再次，通过对其商业进行限制而向一国间接征税，在很大程度上扰乱了最有利于世界的产业分布，受限制国家及其贸易伙伴遭受的损失超过了施限国家的所得。最后，不可能从独立国家得到这种特权，也很少有那种不加掩饰的暴君，在没有任何相应限制条件的情况下，向本国的殖民地索要这种特权，因为这样所获利益还不如征税。因此，每个国家通常会向其他国家缴纳贡金，这只不过是没有结果的相互勒索，两国的工业和贸易按其优势得以发展，两国的劳动和资本收益只遭受损失而出现减少。

9. 上述理论及其推论也暗示，从有限制的贸易向相对自由贸易的转变的可能影响具有某种重要意义。

无疑，以往禁止进口特定商品的政策（如果不加禁止，这些商品早已经进口）让我们以更低的价格获得其他进口商品。和其他商品相比，我们需求量最大的商品，或者是在降价时需求增长最多的商品，自然就是我们最应该进口的商品；由于从贸易角度衡量，这种商品和其他任何商品相比对我们的优势偏小，因此我们进口这种商品的数量必须与我们出口商品的量相当。如果我们的法律禁止这类商品的进口，那么其他国家就不得不提供更容易进入我国的其他商品，以弥补这些国家国内对于我国商品的大量需求。

考虑货币的使用后，事情的发展是这样的：假定我们禁止亚麻布的进口，而毛料的出口仍在继续，当然是以货币支付的。则我国（英国）亚麻布的价格上涨，而德国亚麻布的价格下降，直到比国内生产成本低的丝绸或其他商品从德国进口为止，这样才可以平衡毛料的出口。因此，对一种商品成本优势的放弃，需要另外一种商品来补充，但是我们放弃的多而得到的少。因为我们放弃的是最需要和最应该进口的商品，得到的是廉价商品，其替代品在国内生产更有优势，或者我们并不那么需要，因此需要提供某种货币奖励来创造需求。

不过，进口限制使得国内货币拥有量超过实行限制之前的水平，由此降低其他进口商品的价值和价格，并使所有其他商品的名义价格和货币价格上涨。显然，如果限制解除，我们要对进口商品支付更多，其中受限制进口商品的价格将会超过目前国外市场价格。一般价格水平将会下降，这让固定收入者受益而固定支出者受损。物价水平普遍下跌表面看来是暂时和不合理的，但仍会造成社会普遍贫困的加剧。[①]

对英国立法机构的考察发现，他们对于自由贸易的考量大错特错了，在增加进口上效果似乎微乎其微，从任何角度看都实际导致上面所描述的结果。

这些影响或许会完全消除，但提及此点仍非常重要。如果其他国家听从劝说，主动放松贸易限制，则会在现行价格水平上急剧增加对我们出口产品的需求。既然进出口必须平衡，那么，如果我国增加进口，也必然增加出口。但这是被动的增长，是由货币流出和价格下跌引起的；并且价格下跌是长时间的，虽然这对于尚不知信用为何物的国家未必是坏事，但对于人口众多的国家可能是严重问题，因为这些国家本身担负着巨额固定开支。

10. 该理论的其他应用在本文中已给出解释，需要特别注意的是，按年份缴纳的贡金或给别国政权的津贴，向在别国的业主邮寄的租金，向不在国内的所有者支付的其他任何收入，这些流出的货币对国家产生的影响。向外出者的汇款经常错误地和缴纳贡金在一般特征上相联系，其实他们在本质上完全不同。贡金如果不是付给别国则不应算作支出，而如果业主在国内居住，租金仍是付给他并由其消费。这两种支付的影响在某些方面非常相似，这一点正是我们要指出的。

贡金，津贴或汇款总是以商品的形式出现，除非该国拥有贵金属的矿藏，并且将其列为常规出口产品之一，否则该国很难年复一

① 突然实行自由贸易的这一最后的可能影响见发表于《议会评论》(该杂志存在时间很短)的一篇讨论“丝绸”问题的出色短文。

年地支出贵金属而不收回贵金属。当一国定期对国外支付而没有任何回报时，以支付额表示的年度出口一定超过其进口。为了使出口商品的需求增加以支付进口，该国必须在价格上向国外让利，否则就必须用货币来弥补进出口缺口。因此，该国不得不从事不具有优势的产品的贸易，以偿还对于居住国外的人的负债。

具体步骤是这样的。假设协议规定进出口保持平衡，一国需向另一国缴纳贡金，每年数额通常是固定的。这时出现向国外的第一笔汇款，这降低了汇出国的价格而提高了汇入国的价格，作为汇出国的进贡国的出口增加而进口减少。当货币流出对价格的影响达到一定程度时，一定数量的贡金使每年的出口超过进口，贡金加上应付款总额使两国贸易重新回到均衡。因此，进贡国在对外贸易利得的份额减少。由于支付增加和货币升值，进贡国居民收入减少，为进口支付更多。

因此，贡金对进贡国是双重负担，而对接受国是双重收益。不管数目多少，进贡国首先要缴税，其次要承担进口商品的成本上浮，而其他国家则获得本国产品成本下降的好处。

而且，长期在外国的业主虽然不是以这些方式中的前一种方式给国家造成负担，因为不管接受者是否出国，货币总是要支付的。但是他仍以上面提到的两种方式中的第二种方式给国家造成不利。爱尔兰因为其在外的业主而为进口品支付增加。正是因为这点，我们相信，无论麦卡洛克先生的反对者是否是政治经济学家，到目前为止，他们还没有想出反对他的方法。

11. 那么世界上哪个国家从对外通商中获益最多呢？答案如下。

如果从贸易优势出发,从最广泛角度来看,那些最需要国外商品的国家获益最多。

但从该国得到所需商品而产生的劳动力和资本节约角度看,无论如何,一国的得益与别国对于本国商品的需求程度有关,而与本国对外国商品的需求无关。

假设法国和英国由于存在两国商业交往的限制,基于两国的财富和人口状况,彼此间的贸易活动很少,甚至可以忽略不计。如果这些束缚立即解除,两国中的哪一国获益最大呢?无疑是英国。这立刻会使法国对英国的棉纱、羊毛制品和生铁需求激增,同时法国的葡萄酒、白兰地、丝绸等主要商品则不大可能在英国产生普遍的需求,或者对这些产品的消费不可能因为价格下降而迅速增加。在法国将英国作为其出口商品的主要输出地,用以支付其可观的进口量之前,法国出口商品的价格跌幅可能很大。法国贵金属流入英国的数量非常可观。法国葡萄酒的英国消费者将不仅获得葡萄酒关税的减免,而且发现葡萄酒本身的主要成本也下降了,而由于本国货币收入的调整,他们用于购买葡萄酒的可支配收入在增加。相反,在英国国内价格水平上,英国棉纱的法国消费者无力继续购买。在目前两国商品的现行价格水平很难出现差异的情况下,随着英国收益的增加,法国的收益在减少。

随着英法贸易活动的展开,有可能出现各种结果,其中有些是现存限制政策的支持者和反对者们意料之外的。法国的葡萄酒酿造者设想自由贸易将使葡萄酒价格上涨,从而使其负担减轻,但不大可能想到价格实际会降低。另一方面,英国的丝绸生产者将惊讶地看到,如果他们允许将棉纱和五金件自由输往法国,则会危害到他们在国内的制造业部门，而且这种可能性非常大。法国可能认为用丝绸交换英国的棉纱和五金件是最有优势的，而英国的丝绸制造者和其他制造业者在与法国同行的竞争中也可能占据优势，当然在货币从法国流入英国的前提下，这不可能实现。因为这样会降低法国市场上丝绸的价格，而提高其他商品的生产成本。

总的来说，在所有欧洲国家中，英国或许是在国际贸易中获益最大的，因为英国的可出口商品在欧洲大陆存在普遍需求，而且在降价时需求增幅很大。那些出口食品的国家只拥有前一种优势，而没有后一种优势。但我国的殖民地和向我国提供制成品原材料的国家，将与我们平分贸易收益，因为他们的出口产品在我国存在最广泛的需求，并且这种需求会由于降价而无限制扩张。因此，与通常观点不同，与殖民地和向国内产业提供原材料的国家进行的贸易活动，对比英国与欧洲大陆国家的贸易而言，我们的获益是更少而非更多，其减少程度与贸易程度成比例。我们只是考虑了贸易活动给国家带来的劳动和资本的回报，而没有考虑有用的或适用的某种特定商品进入我国时引起的支出。

二、论消费对生产的影响

在那些有重大发现的伟大著作家们出现之前，政治经济学并未呈现出如今相对具有的科学性，其思想也不为理论家和实践者称道。关于国家财富的起源，按照当时确定的普遍观点，几乎所有关注该问题的人给出的答案都是完全错误的。

在所有错误的直接后果中，最致命的地方在于它在很大程度上阻碍了赋予经济学研究对象以恰当的解释，也阻碍了运用这一标准来对当下出现的问题——即消费的重要性——做出恰当的解释。按照当时流行的观点，关于国家财富的立法最终目标就是创造消费者。巨大的、反应迅速的消费行为是各行各业的生产者所需要的，是他们自身和国家富裕的保证。不断变化名称的大量需求，快速的流通，巨大的金钱支出以及时有出现的大规模消费，这一目标以上述名目出现，被认为是经济繁荣的重要条件。

在目前的发展水平上，不必对学说形式和应用上确实存在的谬误进行辩驳。为了鼓励工业发展，仅仅依靠政府的大规模支出是难以为继的。现在，税收也不能视为“像天堂的露珠，随频繁的阵雨重返人间”。向生产者提供资金也无济于事，因为你的目的在于换取他的产品。人们不再认为，你拿走了生产者的钱，然后再用这笔钱来交换生产者的商品，你就是在让生产者获益。如果政治哲学确实证明了什么的话，那么，没有什么事情能强迫人们不去对长久以来已成为教条的政治哲学进行思考，而去对过去二百年来日益强势的政治哲学的浅薄进行思考，即这一政治哲学证明了，你出于自我满足而花掉钱包里的钱越多，你就变得越富有；从商店偷钱的贼如果将这些钱花在同一家商店，那么对于他所抢劫的商人是有好处的，如果同样的行为经常发生，将使这个商人变得富有。

与这些明显的谬误相反，政治经济学家所津津乐道的是，从来不需要鼓励消费。所有生产的产品已经以再生产或娱乐为目的用于消费。那些节衣缩食的人不是合格的消费者，他消费的方式不同，只消费作为生产者必需的食物和衣服、有用的工具和原材料。因此，这种消费只是按照生产数量所能满足的最大程度进行；但是还有另外两种消费：用于再生产和非生产的消费，前者增加国家财富，而后者削弱国家财富。纯粹的娱乐消费已经消失了，用于再生产的消费通常会创造利润，使得商品物有所值。政府鼓励消费通常会使储蓄减少，也就是在减少再生产消费的情况下增加非生产性消费，使得国家财富缩水，而这是与当初要达到的目标背道而驰的。

生产，而绝不是消费，会使一国富裕。有生产的地方，消费的欲望一定不存在。如果生产者的生产是为了消费，他为什么还要付出无用的劳动？他可能对自己的产品没有消费需求，但是他生产和出售的动机是为了满足买入的愿望。因此，如果生产者生产和售出的越多，当然他买入的越多。每个人或许不需要自己的产品，但却需要他人的产品，通过生产他人所需的产品，来获得他人的产品。因此，在一般商品生产上的收益不会超过消费支出。但是，或许并且总有很多人偏好某些商品却无力购买，因为他们没有足够的产品或用于交易的产品。因此，立法者不必关注消费。任何产品生产出来总是存在消费需求的，直到全部生产性收入所有者的消费需求得到满足为止，然后生产就不再扩大了。立法者应该注意两点：不应该限制以生产谋生的人，要保证其收入为他带来最大的利益；对于目前不以生产谋生的人，应该提供机制保证其获取收入，在成为生产者后使其具有消费能力，满足一定程度的消费欲望。

除了对这方面研究极端轻视的人之外，几乎所有宣称研究过该问题的人都已经理解这些基本观点，对其争论也很少。我们研究这一问题，并非希望进一步明确已经清楚的事实，而是执行一项有用而必需的任务，即希望它能经常成为一部分商人向旧的偏见挑战的武器，而不是分散成琐碎的真理，埋葬在站不住脚的谬误的废墟之下。每一种偏见在受过教育的聪明人中都有长期和广泛的流行，必须依靠强有力的证据才能将其击垮，当证据不能够证明普遍接受的结论时，最重要的是看它证明了什么。如果认为它不值得深入研究，与表面现象一致的错误仅仅换成了与表面现象相反的错误；甚至如果结果是真理，也是一个自相矛盾的真理，在错误的外表之下，真理的内核很难让人信服。

因此，我们要对现象背后的本质深入研究，我们相信，大量的需求、快速的流通、反应灵敏的消费（三个等价的表达式）是一国繁荣的原因。

如果每个人只为自己生产，或者他的资本只用于雇佣别人生产他所需要的一切，那么消费者及其需求与他毫不相干。即使他生产和储存了大量他有可能需要的商品，他也不会富裕；而如果他没有储存，或者储存量不足以维持到产出的时候，那么他将陷入贫穷。

不过解雇后情况会有所变化。在文明社会，一名生产者仅从事一种产品或者少量产品的生产，其影响力不仅取决于他自己商店里自产的商品数量，而且取决于能否成功地找到商品的购买者。

因此，对于每一位在自己作坊工作的生产者和在自己的商店里出售商品的交易者而言，大量的需求、快速的流通和反应迅速的消费是非常重要的。如果商店里挤满顾客，产品一旦完成立刻被抢购一空，那么利润将非常高，与其资本规模相当的邻居如果没有消费者，利润会少得多。

该例和其他众多例子中，个体适用的行为规则并不适用于国家。比如，一个人通常通过收购土地获利，由此推断一国能依靠对外侵略扩张获得财富；一个人以其拥有的货币数量衡量富有与否，人们就深信将所有的贵金属堆满屋子就可以使一国富裕。

在对通常做法进行更为仔细的观察后，我们发现许多情况下这种类推让人产生误解。我们要确定两种情况的相似程度；解释假象，发现现象背后难以看清的、导致错误结论的真正本质。

我们打算检查一个非常简单的例子，对它的解释已经足以澄清所有相似的状况。假设一群外国人带着大笔资金来到一个国家并将这笔钱花掉。从国家财富的角度看，这样的行为对该国是否有利呢？许多政治经济学家会做出肯定的回答，因为国家资本实现了增值。前提是这些外国人将其中一部分储蓄起来，用于再生产，而生产是国家财富的净增加。但是如果外国人将所有的钱用于非生产领域，则对国家就没有好处，原因如下。

如果外国人将钱用于衣、食以及其他所有他需要的消费品，从我们的立场而非他的角度看，这些吃、喝、穿衣等消费确实有利于财富积累。现在，如果他的收入以某种商品的形式支付，例如现金，那么情况就不同了。因为从满足他的需求的角度看，不管之后发生什么交易都不过是一种等价交换；而一个人不可能通过等价交换致富。

说到外国消费者的购买使得原本没有收益的资金得到使用，一些政治经济学家反对这一说法，而正是这些人陷入“普遍的供过于求”的谬误。他们认为，任何人可以将资金用于生产或积累，资金总能找到用处，既然人们将资金积累起来，就证明他还没有找到令其满意的资金用途；而如果它不能生产出消费者所需要的产品，他就只能留作自用。

想要反驳这些观点几乎是不可能的。但有一点是清楚的，一定还有我们没有考虑到的地方；之前的推理过程努力想要证明的是，为什么商人到自己的商店买东西是无用的。或许有人会问，商人怎么能变得富裕呢？他仅仅接受与其商品等值的货币，这并不是使用他的资金；因为超过他所能使用的更多资金从不存在，如果一个人不买他的产品，其他人也会买；甚至如果没有人买，商业中出现生产过剩，他也可以将资金转移到其他的交易上，为资金找到用途。

每个人都可以发现上述推理用于分析单个生产者时存在的错误。每个人都知道，如果应用这些推理，你甚至得不到一个貌似合理的结论；生产者的财富在很大程度上取决于消费者的数目，一般来说，新增一个购买者确实会增加他的利润。如果该推论用于分析个体是如此荒谬，那么用于分析国家时就需要更多的解释和说明了。

我们尽量精确地分析生产者从消费者人数增加所获好处的本质是什么。

为此，有必要假定只从单一角度解释资本一词的含义。我们通常定义食物、衣服和其他商品是劳动者预留的消费，它们和原材料、生产工具并列。这个定义很容易误导我们，我们想法中很多模糊和狭隘的东西有时就是望文生义造成的。

我们认为，不管是个人还是国家的资本，都包括所有具有交换价值的物品，个人或国家拥有资本的目的是再生产，而非自身的非生产性享受。因此，所有未售出的商品构成国家资本和生产者或交易者所拥有的资本的一部分。劳动者使用的工具、原材料和其他物品仅仅是生产的直接附属品：如果我的资本包括货币或仓库中的货物，只要他们能交换那些直接用于生产的物品，就作为生产手段为我所用了。但是食物、机器等最终需要我用仓库中的货物购买的物品，现在国内可能没有，甚至从来都不存在。如果我在售出这些货物后，用钱雇用工人工作，我就是在使用资本，即使这些工人可能用钱买面包，而制作这些面包的谷物现在就在丹奇克大街的仓库里，或者根本还没长出来呢。

因此，无论是以现在的形态还是通过之前（或之后）的交易间接用于再生产的，它都是资本。假定我将所有的钱用于发工资和购买工具，而我的产品刚刚完成：在我出售产品，获得收入，并将其再次用于发放工资和购买工具之前的这段时间间隔里，可以说我没有资本吗？当然不是。我拥有和以往同样多的资本，甚至是更多的资本,只不过资本被锁定,或者说,它还不能自由使用。

因此,在对资本构成有了真正准确的理解后,显然,一国资本中的很大一部分始终是闲置的。一国每年的产出永远不能达到他将全部资源都用于再生产的产出水平,简言之,即该国所有的资本都得到充分利用的产出水平。

如果每种商品积压时间平均值等于其生产时间,显然在任何时候,一国只有不超过一半的生产性资本真正履行资本的职能。这两半资本相互交替,就像希腊悲剧中的半合唱一样;更确切地说,正在使用的那一半资本也是波动的,由不同的部分组成;但结果是,每一个生产者每年只能生产商品供给量的一半,因为只有他确定产品完工后就能卖出去,他才能生产。

世界上大部分资本家每一刻都是这样的习惯状态,或与此状态类似。

如前所述,能够在最短时间内完成生产者和商人角色转换的人很少。很少有人能很快卖掉用自有或借贷资本生产出的商品,使自己在获得其他商品的同时也供应商品。大部分人的成交额都少于资本全部充分利用的产量。在工商业非常发达的社会,银行的出现使得资本家获得超过自有资本的更多的资本,他将其用于生产并获得利润。然而当时,无论其中的一半还是全部被利用,以制成品、机器、厂房等固定形式存在的大量资本仍是必要的;另外,每个商人都有库存,以应付可能的不时之需,尽管他可能不会无限期自由支配库存。

大部分资本的长期闲置是我们向劳动分工支付的价格。从成本来看,购买是值得的,但价格是值得考虑的。

刚刚强调的事实非常重要，有三个明显的理由。第一，将大量资金用于购买商品仅是某些特定行业的做法。第二，在某些情况下租用商店的大笔租金，例如临街的商铺，除了店主期望以此增加客流量从而尽快收回资金外，没有任何好处。最后，在许多交易中，一些商人以更低的价格出售同样的商品。当然，这并非主动牺牲利润，而是期望以此招揽顾客，更加快速地周转资金，通过保持全部资金的连续不断使用获益，然而在上述给定的情况下，他们的收益是较少的。

本文一开始所进行的论证表明，购买者或消费者对国家或个人的富裕是无用的，商人已经将所有可支配资金用于货物采购，并且以最快的速度卖出。对于商人而言，拥有更多顾客是无用的，因为如果他们通过廉价促销卖出所有的商品，那么卖给谁就无关紧要了。但是，是否有这样的商人的例子恰好能够证实这一假设，却是可疑的；对大多数商人而言，这一假设根本不适用。对他们来说，顾客的增加意味着生产性资本的增加。增加的顾客使得商人们将一部分闲置资金（除非顾客需要，否则这部分资本在他们手中永远不会成为生产性资本）变成工资和生产工具；假定除了自己购买之外，商品在一年之后还没有找到买主，那么，与这部分商品等价的资本能使人在一年内进行生产，这些资本就有了明显的收益——其中商人或生产者及他所雇用的工人都获益，（如果没有人因此受损）国家也获益。因此，该国下一年的总产量增加，不是因为单纯的交易，而是因为将一部分国家资本盘活。如果这部分资本原本没用于交易，那么它还要闲置更长时间。

因此，所有或几乎所有生产者和商人事实上总是有部分资本是闲置的，因为他们还没有找到满足条件的方法，在此条件下，劳动分工对于资本的充分利用是必不可少的。也就是说，这一条件使他们的产品实现相互交换。如果这些人找到交易对象，那双方都可以从这种不利情况中脱身。在雇佣不足的情况下，只要他们能在对方店内找到和其他地方同质且廉价的商品，那么任何两个店主都愿意互相交换，这样，他们就是报效国家。你或许会说，他们之前必定和其他商人有过相同数量的交易；但这种说法是错误的，因为他们只能先出售商品来获得收入。由于这样的契约关系，每个商人互为顾客，使他的资本得到充分利用；因此，每个人的产量增加；他们与第三方相比，能够成为彼此更好的顾客。

显然，每个商人都没有足够的生意来充分利用他的资金（这里指那些开始涉足商业、并将其作为终身职业的商人），处于困境的商人只想找到交易对象售出商品；因为在所有的交易中可能都有处在同样困境的人，因此，如果这些人找到彼此，他们就可以自救，通过互相帮助实现资本的充分利用。

现在，我们可以界定生产者或商人从新顾客身上获利的本质。如下所述：

1. 如果他的自有资本的一部分以未售出商品的形式锁定，（长期或者短期内）没有产出；这部分资本需要盘活，从而具有持续的生产力。但是对于这部分资本，我们必须追加更多的利益。

2. 如果增加的需求超过以未售出商品形式存在的资本不加使用时的供给；并且，如果商人拥有的额外资源已经用于生产性投资（如公共基金），而不是用于他自己的生意；那么，他从这部分资源中能获得的不是单纯的利息，而是利润，他因此获得利润率和利息率的差额,也可以看成“管理人员工资”。

3. 如果商人的所有资本都为自用,并且没有任何一部分以未售出商品的形式被锁定,则新的需求会鼓励他增加储蓄,因为储蓄不仅给他带来利息,还有利润;如果他不选择储蓄(或者不再储蓄),那么他可以通过借入资金扩大规模,进而获得利息和利润的差额,或者换言之,以大笔资金投入获得管理人员工资。

由此发现,从事任何商品买卖的商人所获得的全部收益都来源于和他交易的生意伙伴:这对任何人都是显而易见的,这种利益是真实的、重要的,正是对利益的追求才使得各类商人渴望扩大业务规模。

上述观点的前提在于,新的非生产性的消费者(以自己的财产为生)可能出现在乡村、城镇或整个国家的任何地方,如果他们使当地的任何商人获得上面列举的任何收益,而不会从这些商人处获得同样数量的同一种利益,那么他们的到来就对当地有益。

像所有其他问题一样,我们必须对此进行检验,从与商人交易到与国家交易,我们必须找到相似的论证过程中的合理性。

以巴黎为例,此地经常聚集了来自世界各地的旅居者,他们以财产为生,是非生产性的。我们从产业的角度来判断这些人对巴黎是否有益。

旅居者将收入的一部分直接支付给当地人以换取服务或任何形式的劳动,这显然对国家有利。我们对这部分收入不予考虑。无论劳动力用于生产还是非生产,在雇用劳动力上的花费的增加同样会提高工资。到目前为止,整个劳动力阶层是获益的。旅居者雇用的劳动力确实可能部分或全部来自生产领域,但这并无害处，因为劳动者阶层的整体状况得到改善，这种改善远远超过了与单纯产量削减相当的代价；另外工资的增加刺激了人口增长，生产性劳动力数量仍和以前一样多。

需要补充的是，旅居者支付的劳动或服务报酬（无论是经常还是偶尔的）虽然可能被第一个所有者用于非生产性消费，但这笔钱数易其主后，在某一个所有者那儿会变成储蓄并投资于生产性用途。如果这样的话，该国的资本就直接增加了。

这些都是显而易见的，也足以得到政治经济学家的承认。他们始终认为，属于家庭仆役阶层的所有人的收益和某地非生产性消费者的居住增加所带来的真正的利益，二者是完全不同的。

我们仅仅考察了非生产性消费者购买商品的行为能否给村、镇和国家带来同样的利益，这一利益属于在他的店里进行交易的某一商店主人所有。

现在，旅居者的到来给予一些商人的收益是他们之前所没有得到过的。旅居者从某地的商人处购买食品和很多其他物品。因此，这些商人沉淀在未售出商品上的资本得以盘活。他们鼓励商人们储蓄，进而凭借大笔资金获得管理人员工资。这些影响是不可否认的，问题在于，旅居者的出现是否损害了巴黎其他商人类似的利益。

我们将发现，答案是肯定的，这从数量的对比中将一目了然。

所有人都清楚，那些将收入用于境外消费的人在收到国内汇款后，仅是以贵金属的形式短期持有，最终用于商品消费；结果通常是国家的出口增加和进口减少，直到进口小于出口的差额等于汇款额为止。

因此,旅居者(假定来自英国)的到来为巴黎创造了与其资金等价的商品市场,这一市场取代了与它等价的其他商品市场。从英国到法国的汇款引起英国出口增加,一些新增的廉价商品进入法国,取代了市场上原本由法国国内生产的同类商品。英国对法国的进口减少,现存的或通常在法国生产的商品被驱逐出市场,或者只能以低于成本的价格贱卖。

因此,这一定只是偶然事件,新的非生产性消费者到达某地后,会引起当地某一行业净收入的增加,至于是哪类行业,我们还在研究。毋庸赘言,正如贸易手段的其他改变一样,新的非生产性消费者的到来让一部分固定资产变得无用,而且会损害国家财富。

然而,其中的差异必须要明确。

新的非生产性消费者的目的地可能是乡村、城镇或国家。如果是村或镇,此前,当地可能有或者没有出口贸易。

如果当地以前除了与近邻外没有贸易,那么进口和出口也不存在,汇款可以创造出新的贸易安排。以前,没有资本用于面向国外市场的制造业,现在资本可以获得不充分运用了。

显然,汇款仍然可以转变成商品,但是在这种情况下,它并没有取代任何本地之前生产的产品。为了表明这一点,有必要做下面的解释。

假设城镇的便利性等其他条件不变,那么城镇存在的原因是为了节约运费,商品的生产应该尽可能靠近消费者。资本在城乡间自由流动,城镇所能吸引的资本量完全由其地理位置与其他地区相比的便利性决定。结果是交通便利的地方会有充足的资本。

第一,当地生产的所有商品的成本比其他地方低。如果低到一定程度，当地会成为出口城市。我们所说的生产也包括储存。

第二，要生产和销售城市居民消费的商品，商品的生产场所在某种程度上就成了无关紧要的事情。这里所说的城市居民还应加上毗邻国家的居民，他们更靠近这个生产场所而不是靠近同样功能齐全的市场。

现在，如果新的非生产性消费者聚寓此地，显然是为了前两个目的中的第二个，他们要求比以前更多的资金。结果是，如果前一目的所需资金有少部分没有满足，那么更多的资本将在此地立足。在这部分多余的资本进入之前，当地的生产者和商人已经获得足够的利益。他们自有资本的每一分都将得到充分利用。自有资本不能供给的产品从别处的生产者那里获得，当然别处的生产者不会以优惠条件提供这些商品；结果当地的生产者和商人将受困于局部的垄断——他们被迫支付以更高的生产成本定价的每一种外来商品。他们同时拥有市场，经手大部分的新增资本，由此获得管理人员工资。

实际上，如果外地人的原籍和他们现居住地之间以前有过贸易活动，那么他们的到来对于居住地的影响在于，居住城镇的出口减少，并且之前由本地生产的商品将会从国外进口。通过这种方式，与减少的需求等价的一定数量的资本将变得自由，资本总量不再增加。将宅第从伦敦迁往伯明翰，这虽然有可能，[①]但并非必然

① 有可能；因为仍然要求装饰工作的大部分物品来自同一个制造者，这些制造者连同其资本，有可能会随顾客转移。另外，在同一国家内的各个地方，大多数人宁愿改变居住地而不愿意改变职业。但是因此进行的迁移是双向的。

增加伯明翰的资本数量。货币向伯明翰的流入和从伦敦的流出，将使伦敦生产某种产品供伯明翰消费变得便宜，同样使伦敦生产其他产品供本国消费也变得便宜，这部分产品以往是由伯明翰进入伦敦的。

如果不是伯明翰这样一个出口型的城镇，而是一座乡村或只是在当地或附近进行生产和销售的城镇，那么情况就不同了。到达当地的汇款必须是以货币形式存在的；虽然货币不能得以保留，但货币总会用于交换商品，而且货币首先要经过当地生产者和商人之手，他们向国外输出货币换取所需要的物品——也就是原材料、工具和其他目前提高生产力的必需品以及自身所需的满足不断升级的非生产性消费的国外奢侈品。这些物品不会替代之前本地的产品，相反，会推动这些商品的产量增加。

因此，我们可以得出如下结论：

1. 对于国家而言，在外居住者的支出（不包括家庭仆役的支出）不一定对其祖国有损，也不一定对其居住国有益（节省方式见本书第一篇论文）：对于几乎每个国家而言，日常出口和进口总值远远超过该国在外居住者的收入或外国旅居者在该国的收入。

2. 但是旅居者经常对其所居住的村或镇贡献颇多，同时，在外居住者使其离开的村镇损失颇多。小镇上，在外居住者房产附近的一小撮商人的资金失去了地理位置便利的市场，必须将资金转移到其他市场，而这一市场和其他人的资本更为接近，结果市场的出价偏高，商人的收益减少；即使市场定价不变，但是商人的支出增加。但这种糟糕的情况只是偶尔发生，如果在外居住者不是去国外而是去本国首都时，这种事情才会发生。

在后一种情况下，如果商人能去大城市，或者在前一种情况下，商人花时间增加出口，或提供替代进口品的国内消费品，当然这是在最便利的地方生产；尽管他被迫离开的地方可能受损，但他将不再是受损者。

巴黎无疑从外国旅居者身上获利颇丰，法国出口减少的损失由大的贸易和制造城镇鲁昂、波尔多和里昂等来承担，同时这些地方还承担了进口商品替代以往由国内生产商品的大部分损失。既然旅居者对于非生产性消费品的需求超过生产性消费品，当地的商业随之转型，资本因此获得解放，在巴黎找到了最便利的场所。

如果法国不是有外国人经常光顾，那么法国大的贸易城镇无疑将更加繁荣。

罗马和那不勒斯或许完全依赖外国旅居者获利，因为他们的对外贸易规模很小，他们的情况和我们假设中提到的乡村类似。

因此，业主长期在外对当地而非对国家不利（除了第一篇文章所述）；就外国人所购买的非生产性消费品而言，任何商业国家的外来人口常去之地尽管可能对当地有利，却对国家不利。

在我们的例证中，这些短语，如旺盛的需求和快速的流通的含义是一目了然的。旺盛的需求和快速的流通存在时，一般而言，商品生产出来很快就会卖掉。相反，衰退和停滞出现时，已经生产出来的商品会长时间销售不出去。在前一种情况下，沉淀在产品中的资金在生产结束后立即获得自由，马上投入下一轮生产。在后一种情况下，该国大部分生产性资金暂时处于静止。

由上可知，“需求旺盛”的时期也是产量最大的时期：除了该时期，国家的资本从未得到充分利用。然而，我们没有理由渴望这样的时期;国家的全部资本都得到充分利用并不令人满意。因为即使生产者和商人的计算没有达到必需的完美,但一些商品总是或多或少存在短缺的。因此,如果我们知道了全部事实,就会发现总有部分生产者不是在扩张,而是在收缩。如果所有人都竭力扩张,那么一定有证据表明这只是浮现的某种错觉。这一错觉最常见的原因是价格普遍或非常大范围地上涨(不管是由投机还是由通货引起的),这使得所有商人都以为自己变得富裕了。因此,在货币持续贬值期间,只要货币贬值没有停止,产量的增加就会确实发生;这支持了以阿特伍德先生为代表的货币学派的谬论,他们具有所有小人物能言善辩的特点。但是当假象消失,真相公开,商品相对过剩的商人一定会削减产量或破产:如果他们在价格高涨期间建造工厂,增加机器,那么将很有可能悔恨终生。

在商界目前的状况下,商业交易的规模很大,但是引起价格波动的间接因素却很少有人能了解,因此不切实际的希望和恐惧以残暴的方式轮番主宰着大多数商业大众的头脑;渴望购买或不情愿购买以一种多少明显的方式交替出现。除了短暂的调整,几乎总是出现商业的大繁荣或大萧条;要么是行业内几乎所有主要商品的主要生产者订单数量达到产能极限,要么是几乎所有商品的交易者的仓库里塞满未售出商品。

在最后一种情况下,通常的说法是出现了普遍的过剩;这些经济学家还在争论普遍过剩的可能性,他们并不否认我们刚才注意到的现象有可能甚至经常发生,但是,他们有义务表明,他们反对的措辞对于所有或大多数商品没有卖出去的现实并不适用,在同样意义上,如果任何一种商品因为缺乏市场而留在商人的仓库中,可以说是该商品的过剩。

虽然这仅仅是个命名的问题，却非常重要。对我们来说，观点的那么多表面分歧是由于对同一事实的描述方式不同所引起的，那些实际上完全同意这一观点的人，还以为对方犯了弥天大错，有时甚至引起误会。

为了支持该解释，有必要提出所有商品过剩的不可能性，目前，我们必须谈及不可能性普遍存在的依据。

据说，从来没有人对所有的商品都有需求，因为不管谁出售商品，他总是希望通过交换获得一种商品，因此，正是由于他是卖者的事实，他才是买者。出于这种情况形而上的必然性，所有商品的买卖双方必须保持准确的平衡；如果一种商品的卖者数量超过买者，那么一定有另一种商品的买者数量超过卖者。

这种观点显然产生于物物交换的假设前提，按照这一假设，该观点是完全无可置疑的。当两个人进行物物交易时，每个人都同时充当买者和卖者。他不买就不能卖。除非他选择买其他人的商品，否则他不会卖自己的商品。

然而，如果我们引入货币，这些观点就不再完全正确。必须承认，没有人会用钱换钱(那些极为罕见的吝啬鬼的例子除外)，他卖出商品换来货币是为了用同样的钱购买其他商品。因此，正如我们经常观察所知，以货币为媒介的交换最终只不过是物物交换。但是二者存在一点区别——在物物交易中，你卖出所有的同时买入所需的，二者同时发生且不可分割，你不能只买不卖或只卖不买。现在，使用货币的影响乃至作用在于，货币能使一个交换行为分成两个单独的行为或过程；现在完成一个行为，一年后或任何方便的时候再完成另一个行为。虽然卖的人只是因为想买才卖，但他不需要在卖的同时立刻就买；因此，他在增加一种商品供给的同时并未增加另一种商品的需求。买和卖是分开的，很有可能发生的情况是，在某一给定时间，人们普遍愿意以尽可能短的耽搁时间卖出，同时人们普遍愿意以尽可能长的时间推迟买进。这种情况实际上总会出现，这段时期就是所描述的普遍过剩时期。经过详细解释，没有人会否认字面意义上的普遍过剩发生的可能性。我们刚刚描述的并不罕见的情况导致了普遍过剩。

当人们普遍愿意卖出而不愿意买进时，各种商品出现长期滞销，那些找到现成市场的商品成交价也非常低。如果说所有的商品都降价，那么降价就没有影响，因为单纯的货币价格并不重要，而所有商品的相对价格保持不变，我们认为，如果低价持续一段时间，那么上述情况是真实的。但是，当确定价格迟早会上涨时，那些被迫以低价出售商品的人将真正受损，他的货币收入很快就低于正常价值。因此，每个人都尽可能拖延着不卖，同时宁可损失利息也要保持资本处于非生产状态。对于不必被迫出售的人来说，这仅仅是停滞，而被迫出售的人则陷入困境。

可以肯定，这种状态只是暂时的，必将被突然出现的激烈回应打破，因为那些只卖不买的人最终一定要买，到时会出现供不应求。但是，虽然整体的供给过剩必然是暂时的，这只能说是每个部分的供给过剩。市场的库存积压状态总是暂时的，随之而来的就是更加普遍的旺盛的需求。

所有商品的过剩是不可能的，为了表明这一观点适用于使用货币媒介的情况，我们必须将货币本身也看作商品。无疑，我们必须承认所有其他商品和货币的过剩同时发生是不可能的。

但是，在我们所描述的那段期间，那些坚持所有商品存在过剩的人不会同意货币也是一种商品的假设；他们认为交易媒介不存在过剩，而是存在短缺。他们所谓的商品过剩不是商品相对于商品的过剩，而是商品相对于货币的过剩。出现过剩的原因在于，某一时期人们普遍预期要应对突然出现的需求，人们普遍愿意持有货币而非其他商品。结果是货币成为人们所需，同时所有其他商品相对变得声名扫地。在极端情况下，货币被民众大量储存；情况有所缓和时，人们仅是推迟与货币分离，或者迫于新的约定而与货币分离。但是结果变成所有商品都降价，或者没有销路。当这种情况只发生在一种商品时，被称作该商品过剩；如果这是正确的表述，那么当所有商品或大多数商品出现上述困境时，认为所有商品或大多数商品过剩的说法在本质上就没有特别的不当之处。

然而，观察所有商品的过剩最重要的意义在于，就可能的过剩而言，过剩只意味着商品相对货币价值的暂时下跌；假定所有商品在除了过剩以外的任何其他情况下都是库存积压的，商品相对本身价值会下跌就是谬论；或者我们假定两种商品相对对方的价值都下跌，A 降至 B$-x$，同时，B 降至 A$-x$。毋庸赘述，这是生产过剩的充分理由。一种商品的市场需求可能来自于另一种商品的生产过剩；但是当商品普遍滞销时，原因就不同了；不可能所有商品都生产过剩。

反对普遍生产过剩可能性的观点可能有些说服力，到目前为止，这个观点还应用于这一理论，即一个国家或许资本积累过快，以至于生产的增长快于需求的增长。因此一般而言,生产可能会使所有生产者沦落到痛苦的地步。奇怪的是,这种观点早在三十年前便几乎被所有人接受;当理论以朴素的本来面目示人时,推翻这一理论的人的贡献,大于那些对明显的悖谬进行臆测之人的功劳。如果一国所有居民的所有需求都得到充分满足,那么多余的资本将没有用处;但是,在此情况下,没有资本得到积累。只要还有人没占有奢侈品——我们不是说生活必需品,而是说高级的奢侈品,他们就会想方设法得到他们,这样,资本就有了用途;如果这些人需要的商品还没有生产出来供其使用,那只能是因为可以用于此目的的资本不存在,如果没有其他劳动力,这些人会自己生产来满足自身的消费。资本积累带来贫穷而非财富,或者资本为了自身目的而积累太快,没有什么比此类担忧更加奇怪了。正是生产形成了产品的市场,如果各种产品按照私人利益决定的份额加以分配而没有出现计算上的错误,那么每一次产量的增加都创造了,或者更确切地说,都形成了自己的需求。这种表述再正确不过了。

这就是反对普遍生产过剩的人们不得不接受的事实,在目前的研究中对于这一事实的补充或削减也不是假装的。接受这种观点及其解释的人将比以前更加清楚其中的是非,并在正确理解的基础上发现这与大家普遍知晓的事实并不矛盾,这些事实不仅有可能,而且确实是经常发生的。这种观点看似悖论,只是因为它的表述经常明显有悖于众所周知的事实;然而,提出这一观点的人同样非常清楚这些事实,因此,他只能采用漫不经心的表达方式,对于一个公正的人来说,这一表达显得与事实相矛盾。生产或积累的过剩不可能长期存在，这一核心观点是不变的；当然，可以单独考虑任何一种商品的暂时性过剩，甚至全部商品可能普遍出现暂时性过剩，但这不是生产过剩的结果，而是因为缺乏商业信心。

三、论生产性和非生产性

关于生产性和非生产性这两个词，鉴于政治经济学家对于词语正确用法存在的分歧超过了他们对词义本身的关心，或许很难指出这两个词是否适用于描述劳动、消费或支出。

尽管这只是个命名法的问题，但是它所具有的重要性足以使其他人试图令人满意地解决这个问题。这是因为，虽然政治经济学的研究者们并不同意他们惯于附加在这些术语上的观点，但是，这些术语通常被用来指称一些非常重要的思想，这些习惯上特指的术语在使用时的不严谨很难不造成思想本身的含糊其辞。进一步说，只要对新技术术语引入的迂腐的反对继续存在，对道德和政治问题的敏锐的思考者就会在表达他们的思想时受制于词汇的贫乏。因此，人们熟悉的词语应该如同思想的工具一样充分发挥最大可能的作用，这具有重大意义；一个观念已经由一个词充分表达出来后，就不应该再用另一个词来表述了；用来指称重要思想的词不应该被相对无关紧要的词来取代。

生产性劳动和生产性消费这两个短语已经被一些政治经济学家大范围使用。他们认为，生产性劳动指所有为有用目的服务的劳动，生产性消费指所有并非浪费的消费。麦克库洛赫先生宣称，帕斯塔夫人的劳动和纺纱工人的劳动一样是生产性劳动，他就是这么说的。

如果在这个意义上使用生产性和非生产性，那么这两个词就是多余的，因为对所有使用生产性和非生产性这两个词的思想而言，一方面，“有用的”和“适合的”这两个词足以表示生产性，另一方面，“无用的”和“没有价值的”这两个词足以表示非生产性。

因此，如此使用术语破坏了语言的目的。

那些在更为严格意义上使用术语的作者通常将生产性劳动理解为可能产生财富的劳动，而非生产性劳动不产生财富。但是，什么是财富？在这里，不同的作者赋予财富一词不同的外延，相应地，生产性和非生产性这两个词变得更加含混不清。

一些人认为财富是人类想要使用或享有的具有交换价值的所有事物。定义中具有交换价值这一条将空气、日光和其他任何无需劳动和牺牲即可无限量获得的事物排除在财富之外；另外，财富也不包括虽然使用劳动进行了生产、但无法在市场上充分估算出索取价格的事物。但在解释完这个定义之后，许多人又想知道“人类想要使用或享有的所有事物”是否意味着所有有形的物质。他们拒绝承认无形的产品也是财富；他们将产出无形产品的劳动或支出定义为非生产性劳动和非生产性支出。

按照这种分类，就像过去是，或许曾经是的那样，木匠在其从业时的劳动就是生产性劳动，而同一个人在学徒时的劳动就是非生产性劳动。然而，在这两种情况下，他的劳动显然都是生产所必需的：为了实现最终目标，二者是不可分割的。进一步而言，如果我们采用上面的定义，我们就不得不说，如果一国的工匠在技术熟练程度上是另一国的两倍，当其他条件不变时，前者也不见得比后者富裕；虽然从作为财富结果的人和为了获得财富的物这两方面来看，前一个国家所拥有的要远高于后一国家。

不管按照什么标准进行分类，下一分钟采摘或吃掉的一篮子草莓都被称作财富。然而，这种纯属武断的分类遭到有技能的、公认的生产性劳动者的否认，并且无助于计划中的分类和命名的目标。

为了克服所有困难，一些政治经济学家似乎倾向于让术语表示出足够明确的差别特征，但这更是十分武断的，比前面的任何分类都缺乏事实基础。除非付出劳动和资金的人获得了他们的产品带来的收益，否则劳动或任何支出都不允许冠以生产性之名。他们将修篱笆和挖水沟定义为生产性劳动，虽然这些行为只是间接服务于生产，使生产免遭破坏；但是，他们坚持认为，政府出于财产保护而发生的必要支出属于非生产性消费。正如麦克库洛赫先生指出的，在与国家财富的关系上，这些支出和修篱笆、挖水沟的工人工资完全相同。唯一的区别在于，农民用于修篱笆和挖水沟的支出是为了增加产量，而政府用于警察和司法机构的支出，在保证财产安全的同时不能必然带来国家财富的增加。

由这种分类导致的奇谈怪论和矛盾是无穷无尽的，这里不一一赘述。不管我们是否曾在最大范围内和最严格的意义上界定财富和生产两个词的使用，没有人怀疑公路、桥梁和运河以最直接的方式对提高产量和增加财富发挥了突出作用。按照上述理论，如果每一块土地的所有者不得不依法在其农场上建造这样的道路、运河，那么，建设中所耗费的人力和财力就是生产性的。反之，如果政府铺路并向公众免费开放，按照上面的分类原则，在这过程中花费的劳动和支出很明显就是非生产性的。但是，如果政府或个人联合起来修路并收取通行费以支付开销，我们发现这些政治经济学家就不会拒绝将其列入生产性支出。同样的劳动和支出，如果无偿付出，就被称作非生产性的，如果收费，就被称作生产性的。

当我们顺便提及这种纯属武断的分类方法带来的后果时，已经有人指出并抱怨这些后果，我们已经看到的对这种异议的唯一回答是，二者的界线一定划在某处，每种分类方法都会有中间情况，将其划入某一类或另一类几乎同样可行。

这个答案表明，我们需要具备足够准确和区别对待的洞察力。哪一种误差是某一分类方法中通常难以避免的，另外，我们必须清楚，哪一种误差是该分类方法经常出现而又应当避免的。

虽然某一特定对象的归属并非总是容易说清楚，但是分类本身也许在精神上是完全确定的。当不确定一个对象应属于两类中的哪一类时，如果分类方法的制定和表述是正确的，那么这种不确定只能由事实决定。因为分类对象是否拥有一类或其他类的大部分特质是让人质疑的，因此，分类对象的归属存在不确定性。但是，特质本身或许用最精确的方法才能界定和区分，并且一直应该如此。特别是在目前的情况下更应该如此，因为这里只是重大观念之间的区别。不可能将所有术语的使用毫不费力地分成两类，也不会带来任何特别的后果。

人们经常说，分类仅仅是为了方便。这种说法在一定程度上是对的，但是，如果这意味着，按照最正确的分类人们很容易说出某一对象是属于这一类还是那一类，那就错了。分类的使用是为了把注意力集中于事物之间所具有的区别；最好的分类基于最重要的区别，利用分类提供的工具给本质属性不同的事物贴上标签并做出安排。因此，在确定生产性和非生产性的含义时，我们应该尽量凸显最重要的特征，而不是过分炫耀在词汇表达上对于普遍承认的用法的反对。

进一步说，当我们受限于使用一些旧有词语时，我们应该尽可能避免与这些陈旧词语有关联的不必要的斗争。如果可能，我们应该赋予这些词以人们习惯使用的词义，这一词义仍应该尽可能是正确的；这些词带来的习惯感觉正如我们在运用它们时候应该带来的感觉那样。

我们将在下面的研究结果中尽量结合这些条件。

不管政治经济学家以何种方式定义生产性和非生产性的劳动或消费，他们从定义中得出的结果都近乎明智。他们同意，一国的富裕程度与该国生产性劳动和生产性消费数量相对应，一国的贫穷程度与该国非生产性劳动和非生产性消费数量相对应。他们习惯将生产性支出看作收益；而非生产性支出虽然有用却是牺牲。非生产性支出的目的虽然具有生产性，还是被当作对资源的浪费，被称为大肆挥霍。生产性支出即使没有侵占资本，但用于非生产的目的，那么也被称为储蓄、经济和节俭。一国的短缺、穷困和饥饿归结为该国用于生产的劳动力和资源的逐年减少；一国的日渐舒适和富裕归功于该国用于生产的财富数量逐年增加。

我们接下来考察支出和劳动力使用的质量，上述结论就是从支出和劳动力使用的质量中得出的。

所有劳动和支出都有直接的双重目的。有时，劳动和支出是为了马上获得享受；满足人们的欲望，欲望的满足程度则由自己决定。而无论何时，劳动和支出不是为了马上获得享受，这也绝不是浪费，它一定是想通过整理、保存或补充，使享乐永久化，间接达到享乐的目的。

享受的来源是可以积累和储存的；而享受本身则不能。一国的财富由享受的永久来源总量构成，不管是物质的还是非物质的形态都包含在来源之中：我们认为，用于增加或保有这些永久来源的劳动或支出应该叫作生产性的。

以直接提供享受为目的的劳动是非生产性劳动，如我们把乐器演奏者的劳动叫作非生产性劳动。该演奏者无论消费什么，我们都看成是非生产性消费：一国拥有的享受来源累计总量由于演奏者的消费而减少：然而，如果他把他的服务用于生产粮食或衣服，并以此换取享乐，那么，该国享受的永久来源也许不是减少，而是增加。

就其表演而言，乐器演奏者的劳动是非生产性的，而不是生产性的。但是制作乐器的工人的劳动呢？大多数人会说，他是生产性劳动者，并且理由充分；因为乐器是享受的永久来源，不会随欣赏的音乐开始而出现，音乐结束而消失，因此是可以积累的。

但是，音乐家的技能是享受的永久来源，就像他演奏的乐器一样：尽管技能不是实物形态的，但是具有实物的特性，也就是说，表现在演奏者的双手和头脑上；然而，技能有交换价值，可以通过劳动和资本获得，能够储存和累积。因此，技能必须被看作财富；为了获得有利于或取悦于大众的技能而使用的劳动和资金必须被看作生产性的使用和支出。

生产性劳动者的技能与其操作的机器类似，它们本身不是享受，也不直接用于享受，而是以同样的方式间接用于享受。如果纺纱机是财富，那么纺纱工人的技能也是财富。如果制造纺纱机的机器操作者提供生产性劳动，那么纺纱工学习行业技能的劳动也是生产性的：他们的消费都是生产性消费，也就是说，消费没有减少而是增加了该国享受的永久来源总量，因为消费创造了超过自身数量的新的来源。

裁缝的技能和他使用的工具以同样的方式给穿着衣服的人带来便利，当然是以间接的方式，换句话说，衣服本身直接作用于穿衣服的人。帕斯塔夫人的技能，在她的表演中发挥辅助作用的建筑物和装饰，都以同样的方式给观众带来享受，也就是说，这种享受不需要任何媒介，是直接的。建筑物和装饰是非生产性消费品，帕斯塔夫人的劳动和消费是非生产性的；因为建筑物会越用越旧，帕斯塔夫人的表演直接为观众带来享受，表演没有留下任何永久性的具有交换价值的成果：结果是，非生产性一词必须同样用于逐渐破损的砖瓦，剧院里每晚使用的易坏的“道具”，帕斯塔夫人的表演和乐队的演奏。但是尽管如此，建造剧院的建筑师的劳动是生产性的；生产易损道具的工人的劳动是生产性的；制作乐器的工匠的劳动是生产性的；因此，我们必须补充乐队指挥和所有按照指挥配合帕斯塔夫人展示才能的人的劳动也是生产性的。从生产享受的永久来源来看，所有这些人都以同样的方式，即间接方式为观众的享受做出了贡献。

这个例子和已经谈到的纺纱工的例子的区别在于：纺纱机和纺纱工的技能不仅是生产性劳动的结果，而且本身被生产性消费。乐器和音乐家的技能同样是生产性劳动的结果，但本身没有被生产性消费。

按照这一原则，我们现在来界定什么种类的劳动和消费或支出是属于生产性的，什么种类的劳动和消费或支出属于非生产性的。

下面列举的都是生产性劳动和消费：

以创造对人类有用的或合适的物质产品为直接目的或结果的劳动和支出。

直接效果和目标在于赋予人或其他生物学习对人类有用或适用的、具有交换价值的技术或能力的劳动和支出。

没有直接创造出任何有用的物质产品，或没有直接在肉体或精神上创造出才能或本领，但却间接促进了上述一个目标的达成，并以此为唯一目的而使用或发生的劳动和支出。

下列为部分生产性和部分非生产性的劳动和消费，不能恰当地将其划入任何一类：

确实创造或推动创造有用的物质产品、肉体或精神的能力或本领，但不是以此为唯一目的发生或使用的劳动或支出；这种劳动或支出也会有其他目的，或许还是其主要目的，即享受或提升享受。

法官、议员、警察、士兵的劳动及其维持生活的支出。这些公务员保护和保证人们对物质财富和已获得技能的排他性所有权；通过提供安全保障，公务员们在一定程度上间接提高产量，而增加的产量在价值上远远高于维持公职人员生活的必要支出。但这不是他们存在的唯一目的，他们不仅保护人们拥有永久性资源，同时保证他们实际的享受；另外，尽管公务员们是极其有用的，但他们与我们想要确定的差别特征不一致，仍不能被认为是生产性劳动者。

家庭仆役的劳动和工资。这些人主要作为单纯享受的帮手而被人雇用;但是他们中的大多数偶尔提供或有些人平常也提供具有生产性质的服务,如制作食物的最后工序烹饪,或农业的一个分支园艺。

下面列举的完全是非生产性劳动和消费:

以直接和排他性的享乐为目的使用或承担的,不产生任何实物或能力,贯穿享受过程始终的劳动和支出。

使用的劳动和承担的支出是无用的或纯粹的浪费,既不能获得直接的享受,也不能产生享受的永久来源。

为单纯的享受而承担的支出间接促进生产,因为它激励人们努力工作,这种观点或许会遭到反对。但是,一些政治经济学家认为,贫穷的旁观者对于豪华旅馆金碧辉煌的外观印象深刻,极其渴望能够享受同样的奢侈品,结果尽心尽力工作,积攒收入,进而增加了该国的生产性资本。

确实,大多数人从事生产性劳动只是为了消费他们的劳动所得和积累。消费是非生产性的,即消费的直接结果就是享受,这是实实在在的目的,生产只不过是手段;正是对消费这一目标的渴望驱使每个人依赖生产这一手段。

尽管如此,区分以享受为直接目的的劳动和消费和以再生产为直接目的的劳动和消费,还是意义重大的。尽管前一种劳动和消费的表象仍会进一步激起人们对于财力可以负担的享受的渴望,这种享受不需要人们亲眼看到,只要知道就足以令他们兴奋不已(我们在这里不考虑如果大额支出促使一个人积累,鼓励两个人挥霍的情况);而且,如果我们看看意欲达成的效果,或者跟风消费的那些人,这些人与消费的关系显而易见,那么国家的永久享受来源显然将更贫乏;而用于再生产的消费使国家的这类资源丰裕。另外,如果仅是为了娱乐而进行的消费直接增加财富,那么也只能通过劝导其他人不进行以单纯娱乐为目的的消费来实现。

关于此话题最后补充一点。切不可认为用于非生产性劳动者的支出必然全部是非生产性消费。非生产性劳动者可以将工资中的一部分储蓄起来,并投资于生产。

如果资本家的账本可以记录一国所有的利润和亏损,那么,支付给劳动者的工资就因此变成消费,这种说法并不稀奇。对生产性劳动的支付可以说是生产性消费;对非生产性劳动的支付可以说是非生产性消费。正确的说法不应当是生产性或非生产性消费,而是生产性或非生产性改进;否则,我们不得不称其为二次消费;第一次可能是非生产性的,第二次或许是生产性的。

为了确定工人的工资以何种方式消费,我们必须探寻工资在劳动者自己手中的轨迹。生产性劳动者保持健康和强壮以完成他的工作而必然发生的支出可以说是生产性消费。另外还要包括劳动者抚养子女,直到他们具备生产能力为止期间的所有支出。如果劳动力市场的状况能够支付他更高的报酬,他可以储蓄余额,或者按通常说法,他也可以花掉。如果他想要将储蓄部分(除非完全为实物)用于生产,这就是生产性消费。如果他将储蓄用于直接的享受,这就是非生产性消费。

这表明,已经确定的用语还需要修改。政治经济学家通常将“净产出”定义为一国年度总产出扣除年度资本消耗的余额。如他们继续做的解释一样，总产出包括利润和租金；工资也包括在总产出的另外一部分里面，用以替代资本。按照这个定义，他们通常继续告诉我们，净产出仅包括一国积累和追加投资的资金，扣除财富的缩水和非生产性或享受性支出。现在上述两种观点都不可能是正确的。如果净产出是扣除投资成本后的余额，那么净产出就不仅是积累的资金：因为积累或许来自工资；在所有国家，工资都是最大的资金来源之一，在像美国这样的国家，工资或许是最大的积累来源。另一方面，如果同意净产出为可用于积累或非生产性消费的资金总和，我们就必须给出不同的净产出定义。关于净产出的本质，看起来最适于供普通学说使用的定义如下：

一国的净产出是每年生产的，除用于维持库存材料和可使用工具、维持所有生产性劳动者生存和正常工作，以及保持现有劳动者数量不变之外的产出。在不会使国家完全陷入贫困的情况下，这些目标所要求的，或者换言之，保持一国生产性资源之所需的不能挪作他用。但是，我们可以认为超过该数量的所有产出，无论是在劳动者、资本家还是任何种类繁多的业主手里，是直接的享受，当然这是以不损害社会生产性资源为前提的；并且，在我们看来并非直接享受的那部分多余的产出构成一国资本的净增加，或者是该国享受的永久来源的增加。

四、论利润和利息

存货的利润是资本家在补偿他的投资后剩下的盈余:盈余和投资的比值就是利润率。

作为利润的定义,它或许自然就被采用,关于利润率的充分的理论认为,利润率取决于资本的生产力。一些国家在生产手段上比其他国家有优势,这一优势体现在自然资源或者生产工艺上。如果土壤或机器的力量能够使资本的产出不仅能补偿投资本身,而且有20%的剩余,那么利润率就为20%;诸如此类。

因此,这是涉及利润时的流行说法;但是这种解释只针对表面而非本质。“资本的生产力”虽然是常用的表述,在某些目标下,还是方便的表述,但也是让人迷惑的表述。严格说来,资本是没有生产力的。唯一的生产力是劳动,当然,这里的劳动需要借助工具并作用于一定的原材料。因此,认为包括工具和原材料的那部分资本或许具有生产力也没什么不妥,因为他们和劳动一起完成生产。但是,包含工资的那部分资本本身没有生产力。工资没有生产力,他们只是生产力的价格。工资并没有和劳动一起为商品生产作贡献,同理,工具的价格没有和工具本身一起为商品生产作贡献。如果劳动无须购买就可以获得,那么工资就可以省掉了。用于劳动工资的那部分资本以购买的方式成为资本家为自己牟利的手段,劳动的使用才是生产力的真正所在。

对资本的正确观点认为，只要某人能够并且想要使用它，并且没有用于以享受为目的的消费，而是让自己拥有生产手段，并意图将这些手段用于生产，他拥有的任何事物都构成了他的资本。现在，生产手段是劳动力、工具和原材料。处处都存在的唯一的生产力是劳动、工具和原材料的生产力。

由于这个原因，我们不需要全面禁止“资本的生产力”这一表述，但是我们应该特别注意，“资本的生产力”只表示资本家通过借助于他的资金获得的真实生产力的数量。虽然劳动的生产力不变，但资本的生产力有可能变化。例如，工资可能上涨，然后，虽然所有生产条件和以前相比保持不变，但是，同样的资本获得的回报减少，因为工资上涨导致可以调动的劳动力数量减少。

因此，我们可以认为，生产者的资本是按照他所拥有的不同生产要素来度量的：也就是说，是由劳动以及劳动所需要的各种材料，或者是由可以用来促进生产的东西组成的。生产者对于生产手段的支付价格与他利用生产手段获得的产量之比即为他的利润率。如果他生产所得的4/5用于购买劳动力和工具，那么剩余1/5就是他的利润，他的支出回报率为1/4，或25%。

有必要在此强调的是，我们现在所说的利润率并非总利润，这一点虽然事实上不太可能被误解，但是，可能在必须给予关注的情况下忽略它。如果一国的资本规模很大，那么5%的利润就足以维持大量资本家及其家庭的富裕生活，而资本规模相对小的穷国，即使利润率达到25%，也很难做到这点。一国总利润是生活必需品、基本设施和奢侈品的实际总量，它在该国资本家之间进行分配；但是不管总利润是大或小，利润率可以恰好相同。利润率是收益占资本的比率;是补偿支出后的盈余与支出的比率。简言之,如果我们比较劳动和工具的支付价格与这些劳动和工具产出的支付价格,就可以算出利润率。

尽管利润率相同,但总利润可能完全不同;劳动和工具的绝对支付价格也会完全不同,而支付价格和生产所得的比率有可能恰好相同。为清楚起见,我们目前忽略工具、原材料等因素,认为生产仅仅是劳动的结果。假定在某国每个劳动者的工资为每年1夸脱小麦,100个人一年可以生产120夸脱小麦。这里劳动力的支付价格和劳动产出之比为100比120,利润率就是20%。现在假定另一国的工资是前面假设中某国工资的两倍;也就是说,每人工资是一年2夸脱小麦。同时,假定由于该国土壤更加肥沃,该国劳动力的生产力是前一国的两倍,即100个人一年生产240夸脱而非120夸脱小麦。显然,该国劳动力的真实价格是另一国的两倍,而产出同样是另一国的2倍,劳动力价格和劳动力产出的比率不变:200夸脱小麦的支出获得240夸脱小麦,利润率仍为之前的20%。

利润(这里指利润率而非总利润)取决于劳动力、工具和原材料的价格与其产出价格之比(而非三者本身的价格):取决于行业产出中必须支付的、用以购买行业和生产手段运转的支出份额。

到目前为止,我们只是谈论了作为生产要素的工具、建筑物和原材料,它们是配合劳动的,同时是劳动不可或缺的,这是正确的。但是,工具、建筑物和原材料本身也是劳动产品,这同样是正确的;它们有价值的唯一原因(垄断除外)在于生产它们所需的劳动。

如果工具、建筑物和对自然恩赐的盲目崇拜等使得在生产和使用它们时不需要劳动，如果它们的一部分无偿赠与人类，而且它们不可能被垄断，那么它们就仍像现在这样有用和不可或缺；但是既然它们可以像空气和日光一样无成本或无牺牲地获取，那么它们就不构成生产费用，也无需留出一部分产出用于获取它们所必需的支出。因此，扣除工资后的全部产出就成为资本家的净利润。

只有劳动是生产的主要手段；“最初的购买资金已经用于支付所有事物”。像其他物品一样，工具和原材料的初始成本只有劳动；他们具有市场价值仅仅因为已经向它们支付的工资。用于制造工具和原材料的劳动加上之后借助工具对原材料进行加工消耗的劳动，构成了成品生产中消耗的全部劳动。因此，在最终的分析中，劳动是生产的唯一要素。补偿支出就是补偿生产中使用劳动力的工资。因此，支付工资后的盈余总量就是利润。按照这一逻辑，劳动工资和劳动产出的比值就是利润率。因此，我们得出李嘉图先生的理论，即利润取决于工资；工资下降利润增加，工资上涨利润减少。

为了使该理论（该理论是已经问世的利润规律中最完美的形式）免于曲解，需要做几点解释。

如果工人用自己的劳动换来的产品的数量是工资，那么这意味着工人真正的财富之源；认为利润与工资成反比，这显然是错误的。利润率（已经做过评述并举例证明过）不取决于劳动力的价格，而取决于劳动价格与劳动产出价格之比。如果劳动的产出很大，在利润率不变小的情况下，劳动的价格也会很高，而且，事实上，工人酬劳最高的国家（例如北美）的利润率也是最高的。这些国家的工资尽管高于其他地方，但在充裕的劳动产出中所占比例很低。

李嘉图先生明白这点，他的观点的正确性并未因此受到影响；在他看来，劳动者现实舒适程度的提升并非因为工资的增加。在他的观点中，当工资的价值而非数量增加时，才是他所说的工资上涨。对劳动者本身而言（他可能已经说过），他的酬劳的数量是重要的事情，但是酬劳的价值对于购买他的劳动的人而言才是唯一重要的事情。

利润率不取决于绝对工资或实际工资，而取决于工资的价值。

然而，如果从价值，即李嘉图先生所说的可交换价值来看，李嘉图先生的观点仍然和事实相去甚远。利润不再取决于劳动者酬劳的交换价值，而取决于酬劳的数量。真实的情况是，交换价值是劳动者用他的工资所能购买的商品的数量；因此当我们说到工资的交换价值时，我们实际是以另一种商品来描述工资的数量。

然而，李嘉图先生并未从交换价值的角度使用价值一词。

在李嘉图先生的著述中，他有时也不能避免使用其他人用到的词来指代交换价值。但是他更经常用到自己赋予特殊含义的词来指代生产成本；换言之，生产成本是生产物品所需的劳动量，这是他对于生产成本的衡量标准。因此，如果生产一顶帽子在法国需要耗费十天的劳动，而在英国仅需五天，那么，他认为帽子在法国的价值是在英国的两倍。如果1夸脱玉米在100年前所耗费的劳动仅是目前的一半，那么，李嘉图先生认为1夸脱玉米的价值已经翻倍了。

因此，李嘉图先生从不说工资上涨，因为劳动者一天的劳动本应该获得两配克而非一配克面粉；但是，如果去年他一天的劳动所得需要耗费 8 小时来生产，而今年为 9 小时，那么李嘉图先生会说，他的工资增加了。在李嘉图先生看来，工资增加意味着工资的生产成本增加；生产一天劳动工资所需的劳动时间增加；劳动者属于自己的那份劳动成果在全部产出中的比例增加；劳动工资与劳动产出比率提高。这就是李嘉图先生的理论：在前面段落中我们已经给出了获得这些结论的推理过程。

李嘉图先生的一些追随者，更确切地说，那些最透彻地领悟李嘉图先生的天才首创的政治经济学观点的人，他们解释了李嘉图先生的理论，并产生和上面几乎相同的效果，但是他们用了不同的术语。他们提出，利润取决于相对工资而非**绝对**工资：他们对相对工资的解释是全体（*en masse*）劳动者所得在该国总产出中所占比例。

然而，任何事物取决于劳动工资，然后解释劳动工资并非指单个劳动者的工资，而是该国全部劳动者工资的加总，这一说法的使用似乎是很不常见和不方便的。除非单个劳动者的工资上涨，否则人们不会同意任何其他形式的工资上涨，因此更应该集中注意力于个人工资的分析。然而，被说成作为利润基础的工资无疑是**相对**工资，即单个劳动者的相对工资：单个劳动者工资与其产出数量（而非一国总产出）的比率；一国某一行业的总产出可能与单个劳动者的劳动相对应。因此，相对工资可以理解为按照工资生产成本严格界定的，或者更准确地说，工资成本指“原始购买货币”的劳动的成本。

我们现在得出的概念完全不同于李嘉图先生最完美的利润理

论中的概念。我们认为，这一概念才是利润的真正理论基础。我们接下来要做的就是清除障碍，这些障碍仍然存在于理论周围，并且虽然在很大程度上是表面的而非实际的困难，但我们不能把它们完全当作想象而不予理睬。

虽然工具和建筑物（希望建筑物一词能够完全包括与生产相关的所有要件）本身也是劳动产品，但它们在账本上仅仅列为生产费用；然而，它们的全部价值并不完全体现在生产它们的劳动者的工资上。这些劳动者的工资由资本家支付，而资本家必须获得与他之前的资本家相同的利润，因此，当他售出工具和原材料时，他一定从购买者处获得收入，这些收入不仅要弥补已经支付的工资报酬，而且要保证资本家的正常利润率。当生产者购买和使用他的职业所需工具后，他要估算他的收益，他必然要留出一部分用于他自己和工具制造者的工资，另外还包括工具制造者的利润，这部分利润由工具制造者根据自有资金提出。

因此，资本家支付完构成他的利润的工资后，剩余的全部为资本家所有，这一观点是不正确的。正确的说法是，资本的全部回报要么为工资，要么为利润，但是利润不仅是补偿支出后的盈余，利润也成为支出本身的一部分。资本的一部分用于支付或补偿工资，另一部分用于支付其他资本家的利润，这些资本家的一致同意是联合所有生产手段所必需的。

因此，如果设计一种机制，能够全部或部分分摊用于之前资本家的利润的那部分支出，那么显然会使直接的生产者留下更多的利润；虽然生产一定数量商品所需的劳动量是一定的，对于这部分劳动所支付的产出数量也是一定的，劳动价格与产出的比率看起来和以前相同，工资的生产成本不变，相对工资不变，但利润却变化了。

举一个简单的例子加以描述，假定产出的1/3足以支付生产中直接发挥作用的劳动者的工资，另外1/3用于支付生产中所用原材料和生产过程中的固定资本折旧，那么剩余1/3为净盈利，利润率为50%。假定60个农业劳动力的工资为60夸脱谷物，固定资本消耗和种子总值为60夸脱谷物，其产出总量为180夸脱谷物。考虑种子和工具的价格后，我们发现，种子和工具的生产需要40个劳动力，这些人的工资是40夸脱谷物，加上按前面假设利润率(50%)计算的利润20夸脱谷物(40×50%)，共计60夸脱谷物。

因此，180夸脱产出所耗费的总的劳动力为100个，即之前提到的60个农业劳动力，加上固定资本和种子中所耗费的40个劳动力。

现在假设一种极端情况，发现某种机制，在这种机制中为实现生产目的而支出的2/3产出全部得以免除：即发明某种方法，我们利用这种方法，不需要借助任何固定资本，任何种子或原材料的消费价值都可以忽略不计，而产出仍然保持不变。然而，假定这种情况的发生以劳动力的增加为前提，增加的数量与种子及固定资本所需劳动力数量相同；因此节约的那部分只是之前的资本家的利润。按照这一假设，我们认为，有必要增加40个劳动力来省却用于支付固定资本和种子的60夸脱谷物，这40个劳动力每人获得1夸脱谷物，就像以前一样。

利润率显然增加了。利润率从50%增加到80%。以前，180

夸脱收益只有付出 120 夸脱支出才能获得，现在只需 100 夸脱支出就可以了。

因此，利润的增加是不可否认的。那么在某种意义上依附于利润的工资是否下降呢？答案似乎是否定的。

产出(180 夸脱)仍然是与原来相同劳动量的结果，即 100 个劳动力。和以前一样，一夸脱谷物仍是一个劳动力一年产出的 10/18。每个劳动力仍然获得 1 夸脱的报酬，因此，每个人获得一人一年劳动产出的 10/18，即生产成本不变；每个人将获得自己劳动产出的 10/18，即相对工资不变；全体劳动者的收入占全部产出的份额仍然不变，仍为 10/18。

那么，李嘉图先生的理论是有缺陷的，我们不能否认这一结论：利润率不完全取决于工资的价值，按照李嘉图的观点，劳动者工资中所包含的劳动量是产出；利润率不是完全取决于相对工资，即全体劳动者收入占全部产出的比重，或者单个劳动者工资与其个人劳动产出的比率。

因此，一直反对李嘉图先生理论的政治经济学家，或者起初承认、最终抛弃李嘉图先生理论的人在一定程度上是正确的；但是他们和争论者一样，犯了片面性的严重错误，他们不知道在全盘接受和全盘否定之间还存在折中，看不到除了彻底否定之外的其他做法，即事物还有修改的余地。

令人惊奇的是，只要略加修正，李嘉图先生的理论就是完全正确的。甚至有人怀疑，如果要求李嘉图先生本人就这一独特情况给出他的看法，他或许不会这么做来让他的理论完全无可辩驳。

在已经使用的例子中，利润的增加确实发生了，然而，从工资作为产出所需的劳动量角度来看，工资完全不变。尽管工资仍为与以前相同的劳动量的产出，工资的生产成本却下降了；因为除了劳动，生产成本还包括其他因素。

我们已经指出（这很难在例子中预先设定），某物的生产成本包括两个部分——劳动者工资和前一生产阶段预支一部分工资的生产者的利润。因此，生产该物品所需劳动量虽然与之前相同，然而，如果最后一个生产者的部分利润得益于前一生产者的节约，那么该物品的生产成本会下降。

在我们的例子中，现在假定谷物生产中的这类成本的减少已经发生。谷物生产成本降低，下降前后生产成本之比为6∶5。以前 120 夸脱的生产费用才能生产的谷物数量，现在 100 夸脱就足以支付。

但是假定劳动者得到的谷物数量不变，仍为 1 夸脱。工资的生产成本减少了 1/6。单个劳动者的报酬是 1 夸脱谷物，实际上是和以前相同的劳动量的产出；但是它的生产成本下降了。1 夸脱谷物只是单个劳动者产出的 10/18；而之前 1 夸脱谷物的产出要求一定量劳动和生产费用以利润补偿的形式相配合，达到 1/5 以上。

如果工资的生产成本保持不变，利润就不会增加。每个劳动者获得 1 夸脱谷物的报酬；在生产成本不变时，以前的 1 夸脱相当于现在的 1.2 夸脱。因此，每一个劳动者应该获得同样的生产成本，为了达到这一目的，现在的报酬变为 $1\frac{1}{5}$ 夸脱。100 个人的劳动的售价不少于 120 夸脱；正如一开始假设的那样，180 夸脱的产出利润率仅为50%。[①]

因此,利润率与工资的生产成本变化方向相反,这是极其正确的。除非工资的生产成本下降到一定程度,否则利润率不可能增加;反之,除非工资的生产成本上升到一定程度,否则利润率不可能减少。

在给定的例子中,这一结论已通过数学验证:那么它可以在任何情况下以通常术语表述吗?

为简单起见,我们假设工资以成品支付。在我们的例子中,农业劳动力获得谷物,如果换作纺织工人,工资就假定为布匹。这种假设是允许的,因为它显然对涉及价值或生产成本的问题不产生影响,假定的物品只是交易媒介。另外,假设反映的都是最一般的事实,因为每个资本家通过出售自己的制成品获得收入,雇佣劳动力进行生产;如果将成品出售所得货币作为工资报酬,则与将成品直接作为工资发放是一样的,最终都是要将工资换成日常生活中的面包。

因此,假定劳动者的报酬就是他生产的产品,显然,当产品生产中出现费用的节约时,如果劳动者工资的生产成本不变,那么他的工资数量一定增加了,增加的比率与资本生产效率提高的比率相同。但是,如果这样,资本家的支出与其回报同比例变化,那么

① 在其他例子中,我们也很容易以同样方式进行分析。例如,我们可以假设,不是免除所有固定资本和材料等,而是免除一半固定资本和材料,并雇用生产它们所需要的同等数量的劳动力;那么,我们原来需要的60个劳动力和价值60夸脱谷物的固定成本,就变为80个劳动力和价值30夸脱谷物的固定成本。数量关系上虽然比文中更为复杂,但结果却没有差别。

利润率将不会上升。

因此,利润率和工资生产成本的变化是密切相关和不可分离的。李嘉图先生认为,如果工资减少并非意味工资作为产出所需的劳动量减少,而是工资中所包含的生产成本、计算劳动和之前的利润的减少,那么除非工资下降,否则利润不可能增加,这是千真万确的。但是一些经济学家对李嘉图先生学说的解释认为,利润取决于全体劳动者的收入与总产出的比例,这根本不成立。因为在第一个例子中,该比例保持不变,但利润增加了。

这是对利润规律的唯一看似正确的解释,即利润取决于工资的生产成本。这必然成为最终结论。

由此可以推导出李嘉图先生及其他人从他本人所阐述的利润理论中获得的所有结论。单个劳动者一年工资的生产成本是两个部分或因素同时作用的结果——一是劳动力市场支付给他的商品数量,二是这些商品的单位生产成本。这样一来,除非这两个因素中的一个或另一个发生变化,否则利润率不可能增加,第一,劳动者报酬减少;第二,生产改进和商业扩张,劳动者习惯性消费的任一物品成本下降。(如果生产改进发生在劳动者不会消费的物品上,那么只能降低该物品价格,只要资本家及其他人是该特定物品的消费者,他们就会受益,这样有可能提高总利润,而不是利润率。)

因此,另一方面,除非下列情况发生,否则利润率不可能下降:第一,劳动者生产条件改善;第二,劳动者习惯性消费的某种物品的生产或进口变得困难。人口条件和耕作的进步使第二种情况出现,利润率趋于下降,由于众所周知的土地利用资本规则,即在其他条件不变时，双倍的资本投入并不能带来双倍的产出。因此，社会进步造成利润率下降的趋势。但是，通过成功引入农业和劳动者消费品生产的改良方法，利润率也可能逆势上扬。因此，假设劳动者的实际舒适程度不变，利润会有升有降，因为人口、食品及其他生活必需品的生产改进是变化最快的。

因此，如下原因使利润率趋于下降：1. 资本增长超过人口，使得对劳动力的需求竞争加剧；2. 人口增长引起食品需求量增加，必定提高食品的生产成本。如下原因导致利润率趋于上升：1. 人口增长超过资本，对工作机会的竞争加剧；2. 生产改进使得生活必需品变得廉价，劳动者习惯性消费的其他商品也变得廉价。

即使专门研究政治经济学的学者，通常对于决定利息率的条件的讨论也是模糊的、不精确的和不科学的。然而，人们已经察觉到利息率和利润率之间的联系；（用亚当·斯密的话来说）使用货币越能赚钱，使用货币所付的利息也越多。人们也感到，由供给和需求决定的市场利率，也像其他买卖行为一样，每天都在波动。因此，根据公认的原理，利息率按照资本供给量或者贷款人所需的资金数量，每日都在波动；但是平均而言，利息率与利润率所确定的标准基本一致，且与利润率有一定的比例关系——但很少有人试图确定这一比例关系。

由于这些观点的缘故，人们习惯于根据某时某地的利息率对当时当地的利润率进行判断：利息率虽有暂时波动，但除非利润率变化，否则利息率从长期来看没有变化；这一观点在我们看来是错误的。

亚当·斯密注意到这点，利润可以分为两个部分，一部分可以看作资本自身使用的薪酬，另一部分是监督劳动的报酬；前者与利息率有关。借入资本用于经营的生产者们要为使用资本付费，生产者借贷和使用资本所产生的麻烦与风险得到他认为合理的补偿后，剩余的利润才归他所有。

这一评论是正确的，但仍有必要对涉及的问题给出更准确的解释。

利润来自资本的使用，利息是对资本的支付价格，这两者之间的差别表现为管理人员的工资。但由此认为利息率可以像其他工资那样用完全相同的理论加以解释，那就有些牵强了。虽然利息率是工资，但是利息率是资本使用者支付的佣金。如果正常利润率为10%，利息率为5%，管理人员工资就为5%；虽然一个借贷者使用10万镑资金，另一个人只有100镑，但二者的劳动回报率相同，那么，对于一个人来说，这表示会出现5000镑的收入，而对另一个人来说是5镑的收入。然而，这不能妄称两位借贷者的劳动在比例上有差别。因此，强度和技术水平相同的等量劳动获得等量报酬，这一规律在此类劳动中不成立。其他劳动的工资在此也不能成为适用的标准。

从其他角度分析，管理人员工资和普通工资是有区别的，管理人员工资不像其他劳动者的工资一样，它不是资本中预先支付的部分，它属于利润，直到生产结束才能实现。这使其完全背离工资的普遍规律。劳动者的工资是预支的，通常由竞争者数量与资本数量的比值决定；劳动者只能消费他之前的积累。但是，对于那些不是由预先积累的财富支付，而是由已经存在的利用产出本身获得的产出支付的某种劳动的报酬，这一限制就不存在。

充分衡量这些条件时，我们可以发现，尽管利润可以按利息和管理人员工资两部分加以正确分析，但我们不应当将其与利息理论混为一谈，认为正是利润支付管理人员工资。在两种表述上，管理人员工资由利息率决定或等于利息决定的利润，这一种显然更为准确。严格地说，两种表述都不恰当。很少有人说利息和管理人员工资相互决定。它们的关系就像工资和利润的关系。它们像是井里的两个木桶，一个上来一个下去，但不能就此认为二者相互影响；辘轳摇动时会同时对两个桶都产生影响。

在各国资本家中，有相当大一部分人是习惯性地、几乎必须借贷的人；对他们而言，从资金中得到的和利用资金制造的二者之间几乎没有区别，二者在经营中出现的风险和付出的劳动是相同的。寡妇和孤儿、许多公共团体、慈善机构的资金，投资于信托机构的大部分资金和大量厌恶商业或其职业不允许从事商业活动的个人闲置的未用于商业的资金等，运营都处于困境。而其规模占国家借款总量的比重有多大，图克先生在他的《对货币状况的思考》一书中已经给出答案。

另一大类由银行家、经纪人和其他人组成，他们是职业贷款者；除了强烈的金钱诱惑外，没有什么能让他们改变经营。

因此才有大批习惯性贷款者的存在。另一方面，所有从事经营活动的人都可看作习惯性借款者。除了经济萧条时期，生产者总想要在现有资本基础上扩大经营规模，而不愿意将一丁点儿资金贷出哪怕非常短的时间，因为在此期间他们不能将其投资于自己有利可图的贸易上。

简言之,生产阶层和学术上所称的有产阶层是并存的,后者以他们的资金产生的利息为生,本人不从事生产性活动。

借款人阶层的人数是无限的。并不是在任何利息率水平上,都有可供借贷的资金。对生产阶层而言,当利息率略低于利润率时,二者的差额是不足以弥补生产者借款所产生的额外风险的,这种风险是由交易引发的。因此,在此利息率水平上,生产阶层不愿意借款。对借款偏好的唯一可行限制是提供抵押品:生产者发现借入规模很难超过自身资金。愿意向商人提供贷款的人如果掌握该国半数以上的资本,并且盈利超过投资于政府债券,或非生产性消费者的抵押贷款;那么贷款人之间的竞争会将利息率压得很低。一部分有产阶层将被迫从事不感兴趣的商业,或借款给较低级别的证券;与优质证券相比,他们获得的利息随着风险的不同而减少。

这是极端的例子。我们从反面再给出一个极端的例子,假定一国的富人不喜欢悠闲的生活,却非常喜欢有收益的劳动,他们通常不会为了从劳动和商业焦虑中解脱而接受较低的收入。繁荣时期的每一个生产者都愿意借款而不愿意贷款。在此情况下,利息率和利润率的区别就很小。商业管理难度的增加与商业级别的提高并非同比例变化,利润率高于利息率的幅度很小,因此资本家借款动机很强。

对于有这一偏好的一群人,为了吸引他们的贷款,有必要支付与正常利润率相等的利息率。当然,生产阶层在此条件下很少借款。但是政府和非生产阶层等不以借款盈利为目的的借款者,迫于现实的压力或假想的必然性,有可能愿意以高利率借款。

虽然除提供抵押品外，对借款偏好没有确定或必要的限制，但是从事实来看，借款仍会因缺乏下列条件而停止；单个生产者对于前景的不确定性常使他不愿意最大限度利用他的支付手段。通常没有永远存在的市场需求，而总有人生产某种商品，甚至某种商品存在需求时，人们也更愿意买自己而非他人的商品。因此，总有一部分人从未因商业状况驱使而借款扩充资金，只有他们看到近在眼前的盈利前景时才会借款。因此，任何情况下，总是存在对借款者需求的实际限制，当这些需求被满足时，以贷款形式提供的额外的资本只有降低利息率，才能找到投资途径。

给定借款人总数（这里的借款人总数，指在给定利息率水平上愿意借款的人数总和）时，利息率取决于不愿意或不能从事贸易的人所拥有的资金总量。而它的决定条件，一方面在于拥有财产的这一阶层目前流行的商业偏好或厌恶程度，另一方面在于劳动收入的年积累量。那些将工资、津贴或薪水等积攒下来的人除了将积蓄借给他人之外，当然（通常来说）没有投资渠道：他们的职业阻碍了他们亲自监督资金的使用情况。

那么，在借款人数量给定时，利息率取决于上述这些条件。逆命题同样成立，即在上述条件给定情况下，利息率取决于借款人数量。

例如，假定利息率根据现状调整后对借贷关系产生影响，战争爆发使得政府连年借入大量资金。在此期间，利息率将比战争爆发之前和结束之后都有大幅度的提高。

在假定的战争爆发之前，假定以当时的利息率借出资金的所有人都找到借款者，他们的资金得以投资。可以假定，如果任何资金在现有的利息率水平上都已找到借款人，那么就不能找到一个资金所有者，他愿意以略低于现在利息率水平的利息率提供资金。例如，他将以略高的价格买入基金；因此，某基金持有者的资金获得自由，如果基金收益率低于利息率，基金持有者将被迫接受较低的个人利息。

那么，既然所有愿意以市场利率贷款的人都已经贷出，政府就不能再借入，除非政府支付更高的利息。由于可支配资金所有者的习惯，目前利率水平下贷款规模虽然不可能增加，但是，如果利率升高，无疑会诱使一些人提供贷款。利率提高同样会诱使一些人投资，购买新的存货，否则他们要将这部分资金用于非生产性消费以提升品位，或用于修缮房屋的生产性消费。利率的提高足以使贷款者愿意提供更多资金以满足需求。

在最近一次战争中，众所周知的是参战国的利率变得很高，我们认为这就是原因所在。因此，绝不像一些人所做的推断，因为利率偏高，所以同期的一般利润率也不正常地偏高。假定利润率在战争期间和战争前后完全相同，那么利率也不可能上升，原因和决定方式上面已经讨论过。

前述探讨的实际用途在于，人们经常将关于利率的某些证据用于利润率的讨论，这种自信应该有所节制；虽然利润率是决定利率的因素之一，但后者也会因为受到自身短暂或持久的影响而或升或降，同时一般利润率保持不变。

无论银行是否具备纸币发行资格，作为借贷双方中间人的银行的出现，都让利率变得更加难以捉摸，正如我们所意识到的，迄今为止利率还没有纳入精确的科学范畴。

如果银行家只是借贷双方的中间人，如果他们仅从拥有闲置资金的人的手里获得存款，连同自己的资金贷给生产阶层，收取利息，然后向把资金放到银行的存款人支付利息，那么银行运营对利率的影响是在很小程度上降低利息率。单个银行业者获得和搜集的资金量是非常小的，不足以让资金所有者寻找投资机会，但是，单个银行资金加总起来还是具有相当规模的。这一大笔资金可以看作该国生产性资金的增量，至少它是机动资金。当这部分资金积累到一定规模，其所有者会将自己不用的部分借给其他生产者，这自然会降低利率。

从银行业者自身拥有的资金来看（已经首先支付了他的营业费用），他是以利息为生的贷款者。但是，考虑到他承受着和大多数职业一样的风险和麻烦，银行业者对于自己全部资金仅获得利息是不满意的：他一定要求库存的正常收益，否则他不会从事商业：银行业的现状也使其在支付运营费用后保持自身资金的增值前景，其可支配资金的利息在支付运营费用后，足以维持正常利润，即他的自有资金用于生产并获得正常利润。这要通过下面两个途径来完成。

1. 如果社会为可支配资金提供了投资途径；（例如在伦敦，公共基金和其他证券无疑是稳定存在的，它们为没有麻烦地取得利息，使需求毫无困难地得以实现提供了极大的便利，吸引了所有闲置资产的人用自己的账户进行投资，而无需任何中间人的参与）银行业者的存款主要由小规模的、随时需要取出以应付眼前需要的资金构成，收取的区区利息甚至不抵计算的麻烦。因此，银行业者不会对存款支付利息。扣除运营费用后，贷款利息的剩余就是净利润。但是，与其他资金使用模式一样，银行业进入者的自有资金平均来说也要实现正常利润或相当于正常利润的收益；平均来说，每一个银行业者在存款投资上的收益不会超过他的自有资金在正常利润率下必需的收益。当然，竞争会对这有所限制。但不管竞争如何降低利息率，或将企业分割为数量更多的小企业，竞争很难决定利息率。或许竞争以上述两种方式发挥作用，但它不可能只通过后一种方法起效：正如医生数量的增加不会降低诊疗费一样，竞争只是减少了每个竞争者的平均获利机会而已。

贷款人会取消贷款，而不接受利率的降低，这种情况并非不可能。如果这样，拥有存款的新的贷款者的出现不会在很大程度上降低利率。轻微的下降可能会发生，前提是其他方面与之前相比没有任何变化，只是银行业者手中的资金代替了其他贷款者的同等数量资金，而后者选择自己经营（例如，可以参股某股份公司，或组成合伙公司）。银行业者的利润只限于许多银行部门分割的正常利润，因此每家银行平均获得的贷款利息，在扣除全部费用后，还要足以偿付其自有资金的正常利润率。

2. 但是，如果社会条件使那些以利息为生的人们生活变得更加困难和不方便，他们不得不为自己寻找投资途径，银行业者就成为完成这一特定目标的经纪人：不管存款规模大小，银行都会向客户支付利息。这样的实例就是苏格兰银行和英国大部分的国家银行。他们的顾客不相信任何资金交易机构，更愿意当场将资金委托给他们认识和信任的人。这个人能够将他们的钱做最好的投资，并能支付他所能给付的最高利息，只保留一部分用于补偿自身承担的风险和麻烦。补偿金额由市场竞争决定。利率不会因这一机制而进一步降低，因为它只是借贷双方安全快速达成交易的媒介。贷款者的风险减少，因此，大部分资金持有者愿意成为贷款者。

除了银行业者的其他功能之外，当银行业者还充当纸币的发行者时，他的收益相当于伦敦银行业者从其存款上的收益。至于纸币的发行量，因为银行本身不用支付任何利息，所以他会尽量多地去贷款。

如果纸币是可兑换的，它不可能不取代硬币而长期流通，硬币会流到国外并带来等量的价值。这部分价值使国家的资本增加，增加的只是用于贷款的那部分资金。

如果用纸币不可兑换[的做法]取代让硬币贬值[的做法]，那么，银行发行纸币就是向每个持币者或有应收账款的人征税。因此，银行侵吞了其他人的一部分资金和收入。资金可能用于贷款，或为资金所有者自用：这部分原本由所有者使用的资金现在改变用途，用于贷款。收入或者积累起来，在某些情况下已经变成资本，或者用于消费：在后一种情况下，收入转变为资本，因此，看似奇怪，货币贬值就是以这样的方式在一定程度上强迫人们积累。这实际上不能掩饰货币的罪恶。尽管A将财产用于非生产性活动，但B不应该因为自己会将这部分资金用于生产性劳动而允许自己抢劫A。

然而，在任何假定情况下，银行的纸币发行提高了该国可用于借贷的总的资本份额。因此，利率必然下降，直到一部分贷款者放弃贷款，或者直到借款者增加到足以吸收全部资金为止。

但是，利率的下降虽然足以使货币市场吸收所有的纸币贷款，却不足以降低贷款者的利润率，因为相对于自有资金的正常利润率而言，贷款成本几乎为零。因此，竞争通过分割企业来发挥主要作用。每家银行的纸币将被限制在某个很小的区域使用，或者一个地区的纸币供应由众多银行瓜分，这样，每家银行平均从纸币上获得的利息就不足以弥补其自有资金按照正常利润率应得的利息。

然而，即使通过这种方式，竞争对于降低利率的作用也是有一定限度的；银行业者获得超过其自有资金利息的动力使得大量资金进入银行业，超过该行业的资金流出量；即使这些新增资金全部能贷出，利率仍会因此下降。

五、论政治经济学的定义及政治经济学恰当的研究方法

可以想象，从对于定义的性质和对象的粗浅观察来看，学科的定义在时间上占据的位置与它在通常的说教中占据的位置一样。关于任何一门学科的论文最初通常试图以简明的公式表达学科是什么以及它和其他学科的区别，因此可以认为，构造这样的公式自然先于学科的成功建立。

然而，学科的建立远非易事。学科的定义几乎总是后于、而非先于学科本身的创建。就像城墙一样，它通常不是以容器的形式出现，容纳之后拔地而起的大型建筑物，而是对已经存在的建筑物聚集的限定。人类在开始种植之前并不会为科学种植而丈量土地；他们不会首先将人类探索的领域分成规则的部分，然后开始为后来的知识积累搜集事实；他们的进展方式缺乏系统性。这些发现要不就是一个个收集在一起，要不就经过某种持续进行的相同的研究过程而成组地出现，真相一个接一个放到一起，就成为相互具有逻辑关系的一个整体。没有任何有意的划分，事实自身进行分类。它们按照意愿，遵循普遍的、明显的相似性结合起来；聚集由此形成，通常所谓的聚集最终不过以常见的名称表示而已。因此任何一组需要有共同名称的真相，就被称为是一门**学科**。在我们感觉这种偶然的分类并不足够准确之前，这种方法已经使用了

很长时间。在知识发展的更高阶段,人们才意识到学科的优势在于,它确定了人们按照学科归为一组的事实与其他事实在一般属性上是否有别,并且这种属性是什么。回答这一问题的最初尝试通常毫无技巧可言,那么,作为结果的定义也是非常不完善的。

事实上,对学科本身是什么的探究需要进行深入的分析和高度的抽象,很少出现对一门学科的整体研究;换言之,学科本身是什么需要回答下面两个问题:构成该学科的全部事实所拥有的共同属性是什么,以及这些事实与其他事实的区别是什么。因此,许多极其精通学科细节的人,在提供学科本身的定义时,即使不必达到理由充足、逻辑清晰的目标,仍显得力有不逮,从这点来看,我们对基础科学论文的作者不能期望过高。这些论著提供的学科定义,大部分既不符合学科本身,或者过于宽泛,或者过于狭隘,也没有深入到学科内部,对于学科的定义只依赖于学科的偶然现象而非本质属性;只依赖于学科的属性中确实可以让该学科与其他学科相区别的那一部分,而无视学科属性中不那么重要的部分,而这一部分属性本身曾经引导人们给出学科名称,并将该学科列为独立的研究对象。

杜格尔德·斯图尔特观察发现,所有学科的第一要义属于人类思维的哲学范畴,学科的定义确实必须被列入斯图尔特观察到的这一类事实。这一观察是对的;模糊和不确定性在所有最难解和未解的知识分支中泛滥,结果是到目前为止,所有学科的第一要义,包括学科的定义都身受其害。如果我们打开任何一本书,哪怕是数学或自然哲学方面的书,我们也不能不震惊于自己的发现:对于基础知识和基本概念的描述是模糊的,作为学科第一要义的论点似乎是臆断出来的，以十分牵强的理由塞给读者，与此形成鲜明对比的是，一旦作者深入到他的研究对象的细节时，他对于论据的解释和结论是清清楚楚的。这种反常现象的根源是什么？为什么这些学科的前提条件缺乏可靠性，却不会让人们对学科结果公认的确定性产生怀疑？结实的上层建筑建立在不稳定的基础上，这是如何发生的？对这一悖论的解答就是，所谓的第一要义事实上已经成了最后的要义。第一要义没有成为固定的一点，以此为出发点得出的证据链用来支持学科所有悬而未决的剩余部分，第一要义本身成为证据链中最远的一节。虽然其他所有事实看起来都是从第一要义推导而来，但是第一要义却是最后发现的事实；是归纳过程中最后阶段的结果，或者是分析中最后的、最难以理解的步骤，学科特有的事实都从属于第一要义；而这些特有的事实之前已经由符合他们特有属性的证据所证实。

像其他学科一样，政治经济学同样缺乏这样一个严格建构在逻辑原则上的定义，即便是更容易做到的、与所定义事物完全吻合的定义也没有。或许，至少在英国，这还不是真正对政治经济学造成束缚、使人们事实上误解和忽视该学科的原因；但是，这种情况已经造成政治经济学研究所应遵循的方式是不明确的，且时常是错误的，或者我们更愿意说与这种情况有关。

通过对政治经济学中得到大多数人认可的概念的考察，我们进一步证实上述观点。

1. 首先，关于政治经济学的性质和研究对象的通常观点，如果我们做如下表述，也并非离题太远：——政治经济学是一门教授或声称教授一国如何变得富裕的科学。这一学科概念在某种程度上可以从亚当·斯密那本极有价值的著作的名称和内容安排上获得佐证。亚当·斯密把这样一本系统阐述政治经济学的著作题名为《国民财富的性质和原因的研究》,并且以便于理解该书写作意图的顺序来介绍各个主题。

至于我们讨论的定义,如果说它不是建立在一组固定的词汇上,而是经过对该主题的上百个现行说法的提炼才得到的,这个定义似乎会遭到断然的反对,认为它混淆了科学和技术的概念。二者虽然有密切联系,但本质完全不同。这两个概念完全不同,就像理解力不同于意志力一样,或者像英语语法中的陈述语气不同于祈使语气一样。科学讨论事实,而技术讨论规则。科学是事实的集合;技术则是大量的规则,或者是行动的指引。科学的语言是“这是”或“这不是”,“这件事发生”或“这件事没有发生”。技术的语言是“做这件事”和“避免那件事”。科学认识到某种现象,并努力发现其中的规律;技术对自身设定目标,并找出影响目标的各种手段。

因此,除非政治经济学毫无用处,否则必定能在其中发现实用的规则;尽管如此,如果政治经济学是一门科学,那么它不可能是实用规则的集合。作为自然哲学分支的力学,主要研究运动规律和人们称之为机械力的特性。实用力学的技术教我们怎样利用这些规律和特性,提高我们控制外部自然世界的能力。除非建立在对主题性质的科学认识上,否则技术将不再是技术:不经过这一过程,技术就不再是哲学,而是经验主义;按照柏拉图的观点,是经验(ἐμπειρία),而不是技术(τέχνη)。因此,规则虽然可以使一国财富增加,但它不是科学,而是科学的结果。政治经济学本身不会指导如何使国家富裕，但是任何有资格评判使一国富裕的方式的人，首先必须是政治经济学家。

2. 受教育的人最常接触到的定义，以及大部分关于这一主题公开发表的论文在开篇给出的政治经济学定义是：——政治经济学告诉我们确定财富的生产、分配和消费的规律。这一定义通常附有我们熟悉的例证。按照这一定义，政治经济学是相对于国家而言的，而家庭经济学是相对于家庭而言的。

这一定义避免了前一个定义的错误。显然，它注意到政治经济学是科学而非技术；政治经济学精通自然规律，而非行动规则，它教给我们事情本身如何发生，而非指导我们以某种方式使事情发生，以达到某个特定目标。

从这点来看，定义本身是不会招致反对的，但附着于定义的例证却几乎不可能这样，例证让人想起已经处理完的政治经济学的那些模糊概念。按照定义的描述，政治经济学确实是科学，但是对于家庭经济学来说，即使能够将它归纳成某些原理，它还是技术。家庭经济学包括各种规则或关于节俭的格言，在任何给定的收入水平上，以此保持家庭日常供给，满足需求，在最大限度上保证家庭成员的身体舒适和精神愉悦。政治经济学最好的实际应用，无疑是让有利的结果成为一国可实现的目标，就像最完美的家庭经济学让单个家庭实现这一目标一样：但是，假定这一目标实现，那么政治经济学在实际应用中所遵循的规则与政治经济学的区别，就像射击技术和抛射理论的区别一样，或者像土地测量的数学法则和三角学的区别一样。

虽然定义不会像附着其上的例子那样遭到同样的反对，但远不能说定义是无懈可击的。在论文开篇，我们没有对定义或它的例子表示过多的反对。在学科研究的最初阶段，任何更加精确的事物都是无用的，因此也是迂腐的。对于仅是初步的定义，我们不要求科学的精确：为了使研究对象慢慢渗透到读者头脑中，它很少被赋予实质性的含义，我们所研究的对象是一些普遍的先入之见，即探求的用途，以及读者想要深入的系列主题。对于将要教给学习者的学科性质的定义，它的预期或草图（*ébauche*）是有意向学习者表述他开始学习以前所能理解的东西，因此，我们不会挑剔看到的公式。但是，如果定义宣称自己是所有人都承认的完整的定义（*definio*）或边界线，是通过广泛而彻底的探究对象所获得的结果，并且有意在各学科中标示出政治经济学的准确位置，那么定义的自命不凡就是不被允许的。

“规定财富的生产，分配和消费的规律的科学”。财富一词被一层雾一样弥漫而模糊的联想所包围，不能清楚地展示出来让我们看透。我们重新表述一下财富。财富的定义是，所有对人类有用或适用的事物总和，像牛羊板油这类不需要通过劳动可以源源不断获取的则不能称之为财富。一些作者用所有物质替代所有事物：这种区分目前看来是无关紧要的。

我们再来界定生产：如果政治经济学囊括了对人类有用或适用的所有事物，甚至所有物质的生产规律，那么很难说学科的终点在哪：至少，所有或几乎所有物理知识都应该包括进来。谷物和家畜是实物，对人类非常有用。谷物的生产规律包括农业原理，而家畜的生产规律是家畜饲养技术的研究对象，当然，事实上是一门技术的家畜饲养必须建立在生理学基础上。工业品的生产规律涉及所有的化学和物理学知识。如果不能理解大部分地质学知识，那么人们不可能就取自地球深处的财富提出生产规律。

如果一个定义明显超出了它要定义的范围，尽管理解这个定义的限制没有给出，我们也必须假设这个定义并不打算让人从字面加以解释。

或许有人会说，仅仅熟知某类财富的生产规律的政治经济学，适用于全部种类的财富生产：这些与特定贸易或雇佣的细节相联系的规律成为完全不同的其他学科的研究对象。

然而，如果政治经济学与其他自然科学的区别仅限于此，那么我们将大胆断言，这一区别永远无法做到。其他知识分支都不存在类似区分。我们不能将动物学或矿物学一分为二；一部分研究所有动物或所有矿物的共同特性，另一部分研究每一种动物或每种矿物的独有属性。原因很明显，动物或矿物的本质的一般规律，与特定物种的独有属性，在类型上没有区别。一般规律和特殊规律的类比，就像一条一般规律和另一条一般规律一样，非常接近：事实上，最常见的情况是，特殊规律不过是诸多一般规律彼此修正后的复杂结果。因此，一般规律和特殊规律的割裂只是因为前者是普遍存在的，而后者是独有的，这种割裂与人们对于便利性的强烈追求和思维的自然倾向背道而驰。如果关于财富生产规律的一般规律和特殊规律不同，那么一定是因为一般规律和特殊规律在类型上的不同。如果是这样，那么这种类型上的不同就是本质区别，我们应该找出它，并建立我们对它的定义。

而进一步说，可识别的边界将政治经济学和其他自然科学分隔开来，但这一边界绝非对应于关于所有类型财富和相关的几类

财富的事实之间的区别。物体运动三大定律和地心引力定律是相通的，至少就人类观察范围而言，适用于所有物质；因此，这些同样可视为财富的生产规律是政治经济学的一部分。很少有哪个行业的生产过程不部分依赖于杠杆的特性，但是将杠杆原理放入政治经济学将是奇怪的归类。再者，像许多自然科学的分支一样，政治经济学有很多专门的、关于某种特殊物质的独有疑问。对于决定谷物价格形成条件的研究，当它属于农学家的知识范畴时，和所有财富生产的共同规律之间的联系就很少。对矿山或渔场租金的研究，或者对贵金属价值的考察，将会直接参考某种特定财富的生产；然而这些都公认应该属于政治经济学的范畴。

只有通过对主题性质的更加深入的分析，我们才能找到政治经济学和自然科学的真正区别；事实上，二者的主题绝大部分是相同的。政治经济学和所有实用技术的科学在基础事实上是一回事，二者主题相同；换言之，二者的目的都是使人们获得方便和享受：然而无论如何，它们仍是两个截然不同的知识分支。

3. 如果我们深入人类所有已到达或可到达的知识领域，我们会发现知识领域明显分成两个部分，这两个部分表现出强烈的对比和鲜明的对照，在我们对知识的所有分类中，它们都不属于一类。这就是**自然**科学和**道德**或心理科学。这两大部分知识之间的区别，不在于各自研究主题的不同：虽然可以说，每一门类最简单和基础的部分，即最接近事实的部分有着不同的主题——换言之，一部分研究人类思想，另一部分研究除人类思想之外的所有事物；但是这种区别不存在于两类知识的更高领域。例如政治学或者法学，谁会认为该学科是自然科学？然而，它们充分知晓物质和精神，这一点难道不明显吗？再者，以音乐和绘画理论，或者其他任何美的艺术为例，谁敢宣称他们所熟悉的事实或者全部属于物质范畴，或者全部属于思想范畴？

下面是自然科学和道德科学之区别的理论基础。

在人与自然的所有交流中，我们认为人类要么作用于自然，要么受到自然的影响。该过程的效果和现象基于下列两个原因：作用主体的属性和作用客体的属性。发生在人类和外界的每件事物都是相互联系的，是一种或几种物质规律和一种或几种人类思想规律共同作用的结果。因此，人类劳动生产谷物是一种思想规律和多种物质规律的结果。物质规律包括土壤的一些属性，植物生命规律作用下种子在土壤中发芽，以及人类对于维持身体需要的食物需求的属性。思想规律是人们渴望拥有某种物质，因此愿意以必要的方式来获得它。

思想规律和物质规律在本质上是如此不同，以至于把它们混在一起作为同一个研究的一部分违背了合理安排的所有原理。因此，在所有科学方法中，它们都被分开放置。任何复杂的影响或现象都取决于物质属性和思想属性，因此它们会成为两个完全不同的学科或学科分支的研究对象；一个学科或学科分支多研究由物质规律决定的现象，另一个学科或学科分支研究由思想规律决定的现象。

自然科学研究物质规律，以及由物质规律决定的所有复杂现象。精神或道德科学研究思想规律，以及由思想规律决定的所有复杂现象。

大多数道德科学以自然科学为前提；然而，很少有自然科学以道德科学为前提。原因很明显。很多现象(如地震或行星运动)只取决于物质规律,和思想规律无关。因此,许多自然科学的研究可以不用考虑人类思想,似乎头脑仅仅作为知识的接受方而存在,而不是产生影响的原因。但是,只由思想规律决定的现象是不存在的;甚至思想本身都要部分地取决于人体的生理规律。因此,所有精神科学并非纯粹的思维科学,它必须考虑大量的实际情况;(既然自然科学首先得到了非常恰当的研究)我们可以将自然科学作为前提条件,继续研究自然科学留给精神科学的复杂现象。

现在,我们发现,这是对政治经济学与其他辅助研究生产技术的各学科之关系的准确描述。

构成财富的物质的生产规律是政治经济学和其他几乎所有自然科学的研究主题。然而,这些规律中的一部分只是单纯的物质规律,属于并且只属于自然科学范畴。这些规律中的另一部分是人类思想的规律,而非其他,它们属于政治经济学的范畴,政治经济学最终总结了两种规律。

因此,政治经济学以所有自然科学为前提;只要是关于满足人类需求的物质生产的自然科学知识,政治经济学都予以承认;或者,政治经济学至少承认研究过程中自然科学的部分以某种方式发生作用。然后,在同意这些自然规律的情况下,政治经济学探讨关于这些物质生产和分配[①]的精神现象是什么;它借鉴了纯粹精神

① 我们认为,生产和分配并非该学科的研究者们通常意义上的生产、分配和消费。这是因为,按照他们的说法,我们认为政治经济学与财富的消费无关,更进一步研究发现,政治经济学与财富的生产或分配是不可分割的。作为完全不同的(接下页注)

科学中关于这些现象的规律,并且研究这些与自然科学相符的精神规律会形成什么。①

综上所述,下面给出似乎正确和完整的政治经济学定义:——“政治经济学研究由人类本质规律所决定的财富的生产和分配。”或者——“政治经济学研究财富生产和分配中的道德或心理规律。”

对于一般用途来说,这个定义足够了,但是,从哲学家的目标来看,它还是缺乏足够的准确性。政治经济学不是研究所有人类形态中的财富生产和分配,只是研究社会形态中财富的生产和消费;政治经济学并非取决于所有人类本质规律,只是取决于这些规律中某一特定部分。如果我们想让政治经济学在科学领域的浩瀚分支中立足,那么政治经济学至少必须抱有这样的态度。从其他任何角度看,政治经济学根本不是科学或者独立的科学。一方面,如果我们为了给政治经济学在道德科学中安排确定的位置而对道德科学进行普遍考察,另一方面,如果我们运用道德科学研究对象的既成事实仔细考虑方法或过程的本质,那么,上面的观点将变得明确。

(接上页注)学科主题,我们对财富的消费规律知之甚少:财富的消费规律可以等同于人类享受规律。政治经济学家从不认为消费是其研究范畴,但出于研究考虑,仍要分析不同消费类型对财富生产和分配的影响方式。在关于消费的学科专业论文中,研究主题如下:第一,生产性消费和非生产性消费的区别;第二,对财富生产是否过多或财富生产中用于再生产的比重是否过高这两种可能性的研究;第三,赋税理论,也就是说以下两个问题——某种税收由谁缴纳(分配问题)和某种税收以何种方式影响生产。

① 关于有用物品的生产的自然规律同样是政治经济学的预设:然而,政治经济学总体上预设的大部分规律似乎并未言及。政治经济学不得不提到有些规律(例如,土地的产出随着所使用劳动的增加而增加,但二者的比率是递减的),因此,政治经济学从这些事实所属的自然科学中将它们借鉴过来,并且列入自己的范围。

人是具有道德或精神属性的生物，是所有道德科学的主题，就人的一部分本质来说，人在几种不同的假设下成为哲学研究的主题。我们可以研究那些属于个体的人，仿佛除了他自己之外没有人类存在；然后，我们可以认为他和其他个体相互联系；最后，我们可以认为他生活在社会状态中，也就是说，他成为一群人或聚集在一起的人的一分子，大家为了共同的目的进行系统的合作。在最后一种状态中，政府或者对共同的上级的服从成为概念的一个普通部分，但是它不会成为概念的必要部分，至于我们现在的目标，更无需对此做进一步讨论。

人只是个体，不必预先假设其他个体（或许除了只作为工具或手段存在的人）的存在是必要条件，这样的人表现出的人性规律或属性是纯粹精神哲学的一部分主题。这些规律或属性包括所有纯粹的智力规律和纯粹的利己欲望。

人性规律与某人受他人或其他智慧生物所激发的情感，即感情、良心（或责任感）以及赞美有关；人性规律与人的行为就其取决于部分人性或与部分人性有关而言，构成了纯粹精神哲学另一部分的主题，即精神哲学中道德或伦理赖以建立的那一部分的主题。因为道德本身并非科学，而是技术；并非事实，而是规则。规则得以建立的事实（就像在所有技术中那样）来自各种科学；但科学的原理，以及这些具体技术的特有原理，则属于精神科学的分支。

最后，人生活在一个社会状态中，也就是说，为了一个或几个共同的目标，一群人联合起来或聚集在一起，而人是其中的一分子，人性原则与人在社会生活中产生的思想和情感具有特殊关联。事实上，人类思想的基本规律很少是社会状态下特有的规律，几乎所有的思想规律在另两种状态下都发挥作用。但是，那些适用于更广泛领域的简单的人性规律，它们产生的结果具备足够的通用性，甚至（相比于它们作为明确原因的更复杂现象而言）具备足够的简洁性，可是在某种宽松的意义上，还是可以称之为社会规律或社会状态中的人性规律。这些规律或普遍事实构成了一门科学的主题，为了与技术进行对比和区分，我们将这门科学名之曰社会经济学或许更为贴切；然而，我们将他称为投机政治学或政治科学就有些不那么恰当了。这一学科和社会的关系，如同解剖学和生理学与人体的关系一样。该学科通过研究下列问题做出解释，什么人性原理引导人进入社会状态；他的身份特征怎样影响他的兴趣和感觉，并且通过他的兴趣和感觉作用于他的行为；人与人的联系如何变得日益紧密，合作如何表现出越来越强的目标性；这些目标是什么，实现这些目标最常用的各种手段是什么；作为社会联盟的通常结果的人类之间建立的各种关系是什么；这些关系在不同社会状态中如何变化；这些状态按照何种历史顺序传承；每一种社会状态对于人的行为和个性产生什么影响。

既然人们认识到关于个体思维的性质的整个学科中的所有规律都可以在社会状态中发挥作用，并且社会科学的事实不过是那些简单规律在复杂环境下发挥作用的方式的描述。那么不管我们愿意称某一学科分支为社会经济学、投机政治学还是社会的自然史，这一学科分支都是以关于个体思维的本质的整个学科为前提的；因此，纯粹的精神哲学是政治哲学的主要或基本组成部分。就其对社会中人的行为或状态产生影响而言，社会经济学包括人性的各个方面；因此，它可以称为投机政治学，成为实用政治学的科学基础，或称为政府技术，成为立法技术的一部分。[①]

正是在这一学科领域的这一重要部分，众多研究者中的一位研究者最确切地指出和充分地描述了它的性质和局限性，——我们指的正是萨伊先生，——他选择将这一学科命名为政治经济学。并且，这一名称的含义的外延确实得到它的词源的支持。但是“政治经济学”一词早已不再具有如此广泛的含义。每一位有资格使用这一名称的作者都将其作为他的工具，按照最有利于阐述事实这一共同目标的方式来使用它；但他在进行批评时要小心谨慎：萨伊先生做到了如无充分理由就不应如此行事，他改变了适用于特定目标的名称的含义（因此，必须提供该词的替代品），以使这一名称成为更易发现特点的名称。

现在，人们所普遍理解的“政治经济学”一词并非投机政治学，而是该学科的一个分支。政治经济学不研究经社会状态修正后的整体人性，也不研究社会中人的整体行为。政治经济学只是关注渴望拥有财富的个人，并且此人能够判断达到该目的各种方法的相对效果。它只是预测追求财富可能产生的社会现象。它将每个人的情感或动机高度抽象了，当然，除了那些长期反对追求财富原则，厌恶劳动，渴望沉迷于当下的奢侈享受的人。政治经济学只在一定程度上考虑这部分人，因为他们不仅和其他人的欲望不同，有时甚至

① 立法学是一种不正确的、有误导性的表述。立法是制定法律，而我们并未讨论制定任何事物的科学。如果不是政府经常轻率地指手画脚，不是对政府行为，而是对被统治者或在政府统治下生活的人的状态或身份指手画脚，那么，政府学（science of government）会成为一种客观表述。更贴切的表述应当是政治社会学；它是更宽泛的社会学下的主要分支，其特点在文中有所提及。

与追求财富相冲突,但是他们又总是相伴政治经济学而生的负担或障碍,因此他们不可分割地混在政治经济学的研究中。政治经济学认为人类的全部活动只是获取和消费财富;它的目的在于阐述,除了两种长期存在的反向动机在一定程度上表现出来以外,逐利动机是人类所有行为的绝对统治者,生活在某一社会状态中的人类的行为过程是受其驱使的。在这种欲望的驱使下,人类积累财富,将财富用于其他财富的生产;遵守共同的财产制度;立法阻止个人以权力或暴力侵占他人财产;采取各种发明创造以提高劳动生产力;在竞争(竞争本身存在一定的法律约束,法律因此成为生产部门的最终监管者)压力下确定生产的分工;采取一定手段(如货币、信贷等)便于财富的分配。虽然所有这些行为中的大部分行为确实是诸多动机的结果,但在政治经济学看来,这些行为只是追求财富的结果。随后,政治经济学继续探究支配这些行为的规律,假设人是这样一种生物,他出于其本性,在任何情况下都偏好更多的财富而非更少的财富,那么,无一例外,上面提到的两种反向动机构成了这种情形。这并非哪个政治经济学家是如此荒谬,以至于假定人类确实如此,而是因为这是继续探索政治经济学的必要模式。当结果取决于一系列原因的联合作用时,如果我们希望通过分析原因找到可以预测或控制结果的力量,那么,我们一次必须只研究其中一个原因,这样才会分别发现它们的规律;因为已经建立的规律和所有原因的规律混合在一起,决定了事物的发展。在我们解释地球和行星运动,并且预测其中的大部分运动之前,我们已经知道地心引力定律和离心力定律。人在社会中的行为也是如此。在各种影响其行为的喜好和厌恶同时出现时,为了判断他会如何行动,我们必须了解他在

唯一一种影响的作用下是如何行为的。或许人一生中的所有行为都要受各种直接或间接的影响，至于人类行为的方方面面，财富甚至算不得什么主要目标，对此，政治经济学不会假装其结论是适用的，但是某些特定人类事务部分把获得财富作为其主要的和公认的目标，这才是政治经济学应该关注的。政治经济学有必要继续探讨的方式就是研究这一主要的和公认的目标，就好像政治经济学只有这一个目标；在所有同样简单的假设中，这一目标是最接近现实的。如果这一目标不受其他目标的妨碍，那么政治经济学家研究这一欲望将产生什么行为。虽然其他方法是可行的，但是通过这种方法得到的结果更为接近世事的真实顺序。通过适当考虑其他不同类型的动机的影响，这些影响表现为能够干扰任何特定情况下的结果，这一近似结果得到了修正。只有在少数极端情况下(例如人口理论的重要一部分)，这些修正才会添加到政治经济学本身的解释中，为了实用性，纯粹的科学安排的严谨性会稍有削弱。就我们知道或可以设想的部分而言，人类获得财富的行为受到我们自身任何其他本质属性的次要影响，我们并非仅以最少的劳动和自我牺牲获得最多的财富，这是政治经济学的研究结论迄今为止不能解释或预测的真实情况，通过适当考虑其他原因造成的一定程度的影响，这些结论才得以修正。

那么，政治经济学可以如下定义；这一定义看似完整：——

“政治经济学探讨人类为财富生产所采取的联合行动中出现的社会现象的规律，那些社会现象不会因为对其他目标的追求而发生改变。”

虽然这是属于科学领域的政治经济学的正确定义，但是，在这一主题上给人启发的研究者自然会将他的解释与这门纯粹科学的事实结合起来，按他的判断，就像许多实际修正所做的那样，这是最有利于他工作的有用性的。

上述尝试的目的在于为政治经济学构建比人们普遍接受的定义更为严格的定义，但这种尝试或许被认为用处不大；或者，充其量只在对政治经济学进行概述和分类时有用，并不能有助于更为成功地研究这门特定学科的问题。我们并不这样认为，原因在于，考虑到一门学科的定义与学科的哲学方法密不可分；学科研究的开展和学科事实的获取都要通过分析研究过程的性质来完成。

现在，观点的系统性差异在任何学科——所有道德或精神科学，政治经济学是其中之一——都存在；在那些关注这一主题的人看来，任何学科都存在通常所谓的原理的差异，这些原理的差异不同于事实或细节的差异，——我们发现原因在于，学科的哲学方法观存在差异。存在差异的一群人有意无意地受不同观点的引导，这些观点关注的是适用于主题的证据的属性。他们不仅在相信自己所见上存在差异，而且在思考自己所见得到的启发方面存在差异。

这种方法上的差异习惯于展示自身的最普遍的形式，即何为理论与何为实践或经验这两个问题之间古已有之的争执。在社会和政治问题上，有两类推理者：一部分人认为自己是实践者，称他人为理论家；而后者并不反对这一称谓，不过他们绝不会承认这一称谓为自己所特有。虽然两类人的区别是非常大的，但两类人所使用的却是最不正确的语言。事实已经反复证明，那些被指责为蔑视事实和不顾经验的人，他们的所为或声称的所为却完全基于事实和经验;而那些不承认理论的人没有理论的指导也寸步难行。但是,尽管两类研究者只建立理论,并且他们只考虑经验而不考虑其他指导,但二者仍有这一区别,而且这是最重要的区别:即那些称为实践者的人需要专门的经验,主张将特定的事实全部上升为普遍结论;而那些称为理论家的人旨在获得更广泛的经验,一直主张将特定事实上升到普遍原理包括更广泛的问题而不只是正在讨论的问题,然后再从普遍原理向下推出各种具体结论。

例如,假设问题为,专制的国王是否愿意运用政府力量为其臣民谋取福利或压迫他们。实践者会直接对具体行为,如经过历史证明的专制君主的行为进行归纳,以努力解决这一问题。理论家则倾向于通过检验来对这一问题做出判断,这种检验不只是我们关于君主的经验,还有我们对于人的经验。理论家致力于对人在不同环境中所表现出来的人性倾向进行观察,尤其是对我们自己的思考进行观察,保证了我们做出下列推断,人在专制君主的环境中将滥用权力;并且,即使专制君主从未存在,或者历史并未给予我们关于专制君主们的行为方式的任何信息,都无损这一结论的确定性。

在这些方法中,第一种方法仅仅是归纳法,而后一种方法结合了归纳和推理的方法。第一种方法可称作后验法(*à posteriori*),后一种方法称为先验法(*à priori*)。我们意识到,后一种表述有时用于描述某一假定的哲学思维模式,它不必声言完全基于经验。但是我们不了解这样的描述是否同样适用于任何哲学思维模式,至少在政治主题上如此。后验法告诉我们,作为结论的基础不仅需要经验,而且需要特定经验。先验法告诉我们(通常已经告诉我们),推理来自假设;假设不仅是数学中的做法,而且完全具有承认一般推理方法的所有科学的性质。要在事后证实假设,也就是说,检查任何实际情况中的事实是否和假设一致,这从根本上说并不是科学职责的任何一部分,而是属于科学的运用。

在我们试图构建政治经济学的定义时,我们已经在本质上将政治经济学描绘成抽象科学,并且认为政治经济学的方法是先验法。这些无疑是该学科中所有著名的教师所理解和传授的学科特征。正如我们所主张的,政治经济学的推理,并且肯定是必要的推理,来自于假设而非事实。政治经济学以定义的名义建立在与其他抽象学科基础严格相似的假设上。几何学为直线假设了一个武断的定义,即“直线只有长度而没有宽度”。政治经济学同样给人一个武断的定义,即人在现有知识状态下,总是以最少的劳动和自我牺牲获得最多的生活必需品、便利和奢侈品,这是始终不变的。的确,并非所有政治经济学著作都要预先确定关于人的定义,就像欧几里得的《几何原理》未必要预先确定直线的定义那样;相应地,预先确定定义当然可以减少遗忘的风险,我们可能会遗憾自己没有这样做。每种特定情况下提出的假设,应该一劳永逸地提请进行充分讨论,正式以基本原理表述出来。现在,熟悉政治经济学的系统著作的人都不会质疑政治经济学家在任何时候已经阐述的理论,即按某一特定行为方式,劳动者追求更高的工资,资本家追求更高的利润,地主追求更高的地租,他总结到,他们肯定会以那种方式行动是理所当然的。因此,政治经济学的推理来自假设前提——即使这个假设前提完全没有事实基础,这个假设前提不会假装与事实普遍一致。结果,政治经济学的结论因此也像几何学的结论一样,像常言所说的那样,只是在抽象意义上才是正确的,即只在一定的假设下才能成

立，在这些假设中只考虑一般原因——这些原因在考虑的全部情况中都存在。

政治经济学家不应该否认这点。如果他否认，那么就会，并且只会置身于错误之中。他对先验法的使用好像证明了他的整个学科毫无价值，但是，正如我们现在要表明的一样，他掌握的先验法是在社会科学的任何部门可能获得真相的唯一方法。必须注意的是，不能把基于某一假设的结论归于该假设的另一种确定性，这样，这种假设才真正配得上这些结论。只有在纯粹想象的条件下，结论才是无条件正确的。按照真实情况与假设的偏离，他必须允许结论在个别字眼上相应的偏离；否则，只有他武断假设的事情而非真正存在的事物才是真实的。在抽象意义上是真实的东西，在具体意义上经过适当的修正后总是真实的。当某个原因确实存在、并且听任这个原因必然产生一定影响时，同样的影响经过所有其他并存的原因的修正后，也会和真正产生的结果完全对应。

几何学的结论，像人手所能画的直线、角和图形，并不是严谨可靠的。但是，没有人会因此认为几何学的结论是无用的，或者最好将欧几里得的《几何原理》束之高阁，只满足于“实际应用”和“经验”就可以了。

从来没有数学家认为他的直线定义对应于真正的直线。同样，也没有政治经济学家认为现实中除了财富再无其他欲望目标，或者所有的动机都要为卑微的金钱动机让路。但是他们做这样的假定是事出有因的，是为了他们的研究目的；因为他们在解释这部分人类行为时，只能将金钱至上作为直接和主要的目标；因为没有两个个体的情况是完全相同的，除非摒除一些特定的环境因素，否则，他们不能得出普遍的准则。

但是，除了证实先验法是道德科学中正宗的哲学研究方法之外，我们还要走得更远；我们认为它是唯一的方法。我们坚信后验法，或者具体的经验方法在这些学科中通通是无用的，作为方法只能获得一些值得思考的、有价值的事实；不过后验法承认在先验法的辅助下它才是有用的，它甚至成为先验法不可缺少的补充。

几乎所有道德科学都具有一种共性，使得他们与大部分自然科学相区别；这种共性就是我们很少有能力对之进行实验。在化学和自然哲学中，我们不仅观察在所有自然环境条件共同作用下发生了什么，而且还可以尝试无限的新的条件组合。这在伦理学的研究中很少能做到，在政治学研究中就更加罕有了。我们不可能试图在实验室中建立小型的政府和国家政策体系，尽管我们似乎认为这些实验可能最有助于知识进步。因此，我们只能在不利的环境中研究这些学科的性质，比如受制于自愿开展的为数不多的实验（如果我们可以这样说），而无须任何准备或管理；此外，这些条件是非常复杂而我们从未一清二楚的；大部分进程我们无从观察。

在归纳材料时难以避免的错误的结果就是，我们很难获得培根所说的古怪但并非不适用的关键性实验。

任何学科容许在无限范围进行任意实验，那么，它总是能获得关键性实验。如果我们能够改变所有环境因素，我们总是能够采取有效的方法确定这些环境因素是不是关键的。设有结果 B，问题是证明原因 A 是否以任何方式导致结果 B。我们设计一个实验，在实验中，我们改变除了原因 A 之外的所有其他外界条件：如果 B 在这种情况下没有出现，则 A 是 B 的原因。反之，如果我们不是改变其他外界条件且保持 A 不变，而是保持其他外界条件不变，只是改变 A，如果 B 还是出现了，则 A 是 B 存在的必要条件。上述实验如果能精确地完成，它就是一个**关键性实验**；它将之前关于 A 和 B 之间存在联系的假定变为证据，消除了任何其他假设导致这一结果出现的可能性。

但这在道德科学中很难做到，因为道德科学中的影响因素非常广泛，我们能改变实验条件的手段十分缺乏。甚至在研究个体思维时，假设有足够的实验空间，我们还是不能时常进行关键性实验。例如，在研究特定环境下教育对于性格形成的影响时，我们可以在各种不同的情况下进行实验，但是除了我们希望根据唯一的条件评估它的影响之外，我们几乎不能确定上述案例中的任两个案例在其他所有条件上都不同。在这类问题研究上必然出现的困难是如此大，以至于**大量**有案可稽的实验都跟不上每一个相关环境条件的千变万化。例如，关于限制性商业政策对国家财富的影响，我们如何进行关键性实验？我们必须找到其他各项条件都相同的两个国家：或者至少在一定程度上拥有完全等同的富裕要素，在其他事务上采取相同的政策，两国只有一点不同，即一国采取一系列商业限制措施，而另一国奉行自由贸易。这就是决定性实验，与我们在实验物理学中几乎总是能够完成的决定性试验类似。如果我们能进行该实验，毫无疑问将获得最确凿的证据。但是，让任何人想一想有多少个和多少种因素直接或间接地影响或可能影响国家财富数量，再问他，在最漫长的演变中找到这样两个所有条件——除了一个条件之外——都一致或能够显示出一致的国家，概率有多大。

因此，既然在政治经济学和社会科学的任何其他分支中指望通

过实验获知真相是徒劳的，那么我们可以观察一些具体事实，拨开围绕在本质周围的复杂掩饰，努力通过细节的对比探寻普遍规律；这只能依靠先验法，或“抽象思辨法”，而没有其他任何方法。

虽然政治学尚未提供充分的根据，证明可以通过结果的比较来获得令人满意的归纳，但是不论在什么情况下，都需要通过有关课题的特定实验才能找到原因。这些原因就是可能激发人的行动意愿的人性规律和外部环境。人的欲望以及欲望鼓动下人的行为性质都属于我们的观察范围。我们还会观察引起这些欲望的事物是什么。每一个人都可以从容不迫地收集这方面的知识素材；经过对本人与他人之差异进行理性思考，经验会告诉他，这种差异是存在的。因此，在准确了解相关物质的特性后，我们可以与物理学最具实证性的部分一样的确定性，从任意一组假设条件进行推理。如果假设条件与任何现实情况不相符，那么这一研究是微不足道的；但是，如果从目前来看假设是正确的，与事实的差别无非就是部分和整体的差别，那么从该假设正确推导获得的结论就是抽象的真理；当增加或减少非计算因素的影响完成后，这些结论实际上是对的，可以用于实践。

这就是政治经济学最好的教师在其著作中阐释的学科特征。为了表明它是一门完美的抽象科学，为了追踪学科设定的所有假设条件的影响，这些假设应该体现在所有例子共有的全部条件中，同样，也体现在任何重要级别的例子共有的条件中。像数学的结论一样，由这些假设经过正确推导所得的结论在抽象意义上是正确的；像抽象真理一贯的那样，结论只是尽可能地接近具体事实。

把政治经济学原理应用于某一特定案例时，必须考虑该案例中的所有个别条件；不仅要根据抽象科学预设的一系列条件检查该案例中相应的条件，而且要检查案例中可能存在的其他条件，尽管这些条件并非该案例和任何大的、典型案例所常见，并且尚未进入学科的研究范围。这些条件称为干扰因素。这里仅仅是指进入过程的不确定要素——不确定性是复杂现象的本质所固有的，来自于完全相信下面两点的不可能性，即我们在细节上充分知晓特定案例的所有条件，而且我们的注意力不会不恰当地从这些条件中的任何一个移开。

这构成了政治经济学仅有的不确定性；当然不仅是政治经济学，所有道德科学都普遍存在不确定性。当我们认识到干扰因素时，必须允许它们有一些误差，而不致有损学科的准确性，也不会造成先验法的偏差。这些干扰因素不能仅仅凭推测来处理。人们经常将干扰因素与力学中的摩擦力相比较，开始仅仅认为是一种不可避免的误差，对学科普遍原理的结果的猜测造成了这一误差；但是，许多干扰因素迟早会进入抽象科学本身的范围之内，我们发现它们的影响是准确的评估所容许的。就像受到干扰的因素有其规律一样，干扰因素本身也有规律；根据干扰因素的规律，干扰的性质和量是可以用先验法加以预测的，这就同干扰因素据说要修正或干扰——但更准确地说是既修正又干扰——的更为普遍的规律的运行一样。这样，特定原因的结果添加到一般原因的结果上，或者从一般原因的结果中扣除。

这些干扰因素有时是一些环境因素，这些环境因素按照政治经济学所熟悉的同样的人性原理，即对财富的追求，对人的行为产生影响，但是，这些因素却不足以纳入抽象科学的考虑范围。每个政

治经济学家在描述干扰因素时，都能举出很多例子。在其他情况下，干扰因素指人性规律的其他方面。后一种情况中的干扰因素从未进入政治经济学的研究领域；它属于其他学科；只研究政治经济学而不研究其他任何科学的纯政治经济学家，如果尝试将他的学科应用于实践，他将失败。[①]

至于其他类型的干扰因素，即通过政治经济学一般原理中同样的人性规律对人的行为产生影响的干扰因素，它们如果值得考虑，那么总会进入抽象科学的研究范围；当我们在实际中给这些干扰因素留有余地时，如果我们完全不去推测，那么，我们在假设条件中加入新的更为复杂的综合因素，并且因此向抽象科学增加专门的补充章节或附录，或者至少补充定理，我们就是按照抽象科学的方法深入到细节中去。

政治经济学和道德科学的其他所有分支中的先验法现在阐述完毕，先验法是唯一确定或科学的研究方法，而后验法或特定经验法，作为发现事实的方法对这些学科是不适用的，然而，我们仍能够证明后验法在道德科学中的巨大价值；即后验法不是发现事实的手段，而是证明事实的手段，在间接提到每种特定情形下的复杂性以

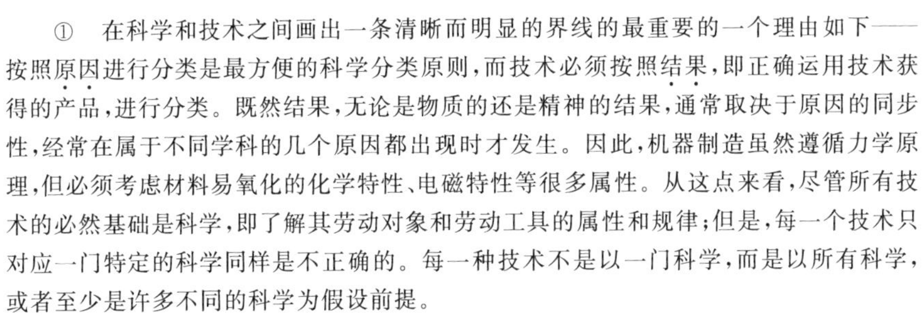

① 在科学和技术之间画出一条清晰而明显的界线的最重要的一个理由如下——按照原因进行分类是最方便的科学分类原则，而技术必须按照结果，即正确运用技术获得的产品，进行分类。既然结果，无论是物质的还是精神的结果，通常取决于原因的同步性，经常在属于不同学科的几个原因都出现时才发生。因此，机器制造虽然遵循力学原理，但必须考虑材料易氧化的化学特性、电磁特性等很多属性。从这点来看，尽管所有技术的必然基础是科学，即了解其劳动对象和劳动工具的属性和规律；但是，每一个技术只对应一门特定的科学同样是不正确的。每一种技术不是以一门科学，而是以所有科学，或者至少是许多不同的科学为假设前提。

及可以确定先验法难以(并非不可能)分析所有重要事实之前,后验法可以最大限度地降低不确定性。

如果我们确定我们知道特定情况包含的所有事实,我们在特殊经验中取得的额外好处就很少。给定原因时,我们可以知道它们的结果,这无需对每一种可能的原因组合进行实际的检验;既然原因是人类情感和适于激发情感的外部环境,就像大部分我们所熟悉的或至少可能熟悉的事物。因此,我们通过熟悉原因,而不是从具体实验的复杂和混乱的条件所导出的证据的综合结果来进行更准确的判断。如果我们了解我们可以凭借权威揭示在给定例子中起作用的特定原因,如果我们的抽象科学是完善的,那么,我们就应该成为先知。但是,这些原因并不是这样揭示出来的:通过观察才能收集到这些原因;而复杂环境下的观察恰好是不完善的。一些原因超出了我们的观察范围;除非我们仔细寻找,否则许多原因都观察不到;只有养成长期和准确的观察习惯才能使我们对想要寻找的原因有正确的预感,由此引导我们在正确的位置找到它们。但是,这是人类理解力的本质,正是我们强烈关注事物的某一部分这一事实,让我们倾向于取消对事物其他部分的注意。结果,我们会冒很大的风险去留意起作用的那部分原因。如果我们遭遇此种尴尬,则我们在抽象意义上的(即在除构成假定条件之外的所有其他条件中进行抽象分析)推导越准确,结论越确定,我们越不能相信我们正在犯错,这比我们通常意识到真相的证据与我们擦身而过,要更为合理一些,因为人们不能在对我们的哲学体系之前后关联状况有深刻认识的基础上,看到错误思想的源头。

因此,我们不可能通过对我们已经接近的特定案例,让我们预

测的结果与我们所能得到的、实际上已经了解的最可信的原因进行比较,来小心谨慎地验证我们的理论。我们的预测与实际事实之间的不符常常是提醒我们注意那些已经被我们忽略的某些重要干扰因素的唯一条件。不仅如此,它也揭示出我们思想上的错误比正常遗漏所谓的干扰因素更为严重。这就告诉我们,我们的整个理论基础本身是不充分的;我们推导所用的数据只包括一部分决定结果的条件,并且还不总是最重要的那一部分条件。即使非常好的推理者,以及好的观察者中难得的那部分人,也会出现这种疏漏。那些观点大而无当、最富哲学意味的人,特别容易犯此类错误;因为按照这个道理,他们的思想更习惯于强调这些规律、性质和趋势,认为它们是大量案例所共有的,是无时无处不在的;而通常的情况是,那些几乎只在特殊案例或事件中才发生的环境因素在一个案例中起更主要的决定作用。

因此,尽管人们确信,一位哲学家无法通过后验法分析国家事务而获得一般真相,但根据他的条件,这并不能减少他探究和分析每一具体实验细节的责任。如果他没有这么做,他可能是位优秀的抽象科学专家;因为一个能力很强的人正确地指出了可能条件的某种组合所产生的结果,在任何一本包括众多领域的假设案例的小册子中都可以找到种种组合。哲学家和立法者的关系,就像地理学家和实际航海者的关系一样;地理学家告诉航海者各种位置的经度和纬度,而不告诉他如何确定自己正在航行的位置。然而,如果这位哲学家所做的就是这些,他必须满足于不参与实际政治;对他的理论在现存条件下如何应用不发表意见,或者以非常谦虚的态度保留意见。

没有哪个试图提出某种主张来指导人类的人,可以不需要实用知识的真实模型而完善自己的学识,这是一个从事世界事务,并包含个人关于自己国家和时代的真实思想、情感、智力和道德倾向的丰富经验的模型。真正注重实践的政治家是这样的人,他将这种经验与抽象的政治哲学的深奥知识结合起来。如果他察觉到其中的不足,那么科学造诣而不是其他任何事物,会让他寸步难行;更有可能的是,如果他完全没有意识到不足,科学造诣会让他变得顽固不化。

那么,这就是先验法和后验法在政治经济学和社会哲学的所有其他分支中各自的职能——一个用于抽象科学,另一个用于具体实验。事实迫使我们确信,无论是就这些主题著书立说的人,还是为写作而写作的人,很少有人被认为已经认识到先验法或后验法的应有价值,并且一贯维持每个方法的适用对象和功能。当今时代的特点之一就是理论脱离实际——闭门造车的研究已经使学者和商人的思想和情感出现了不正常的偏见。每个人都轻视其不熟悉的那部分思想内容。一个人鄙视所有综合观点,另一人则无视细节。一个人只从自身生活经历中碰巧熟悉的那一点点事物来给出他对世界的定义;另一人则按照自己的立场进行论证,拒绝而不是检查和筛选与他相反的主张,他忘记了这并非最后的定论,这个论证随时会因为给某一假设前提增加了一个新的事实而被弃置一边。因为这一点,他有充分的理由认为证据是没有价值的,各种事实表明,通常基于证据的理论的结论是站不住脚的。在这些复杂事物中,人们用先入为主的观点而不是用自己的眼睛来看这些事物:一个有利害关系的或易动情的人的统计数据价值很小,许多受人尊敬的人用他们个人知识中的事实相互支持，向世界公开观点，这些惊人的谎言每年都在出现。这不是因为一个事物被断定是真实的，而是因为该事物本质上可能是真实的，因此，那些诚实和耐心的研究者感到有必要研究这一事物。他不是将反对者的断言作为证据，而是将其作为找到证据的指示；以及为自己的研究提供最恰当做法的建议。

虽然哲学家与实践者相互指责对方只有一半是真理，但是，我们或许寻找了很久却没有发现一个人能够站在思想的最高处，从总体上领悟他们只在各个独立部分之所见；他能利用哲学家的预测来指导实践者的观察，而实践者的特定经验会提示哲学家在哪一点上对他的理论做出补充。

当代最值得注意的例子是杜尔阁，他想以对积极生活的追求来统一哲学思想，彻底扫除学者和现实的政治家们的喜好和偏见；他不仅创造了他所处时代的奇迹，也创造了历史的奇迹，因为他令人称奇地综合了完全相反的观点，以及从通常经验来看几乎互不相容的优秀品质。

无论是政治经济学还是社会哲学其他分支，都不可能提供任何检验，思辨的思想者通过这种检验来获知他有能力判定他的理论适用于本国或其他国家的现存条件，由于没有这种检验，各种迹象可能显示，他可以清楚地了解和确切地知道他没有这个能力。他的知识至少能让他解释和说明事物是什么，或者他不足以判断事物应该是什么。例如，如果一位政治经济学家发现自己对于近期或目前的商业现象感到迷惑，如果国家近期或目前的生产行业中有什么情况让他感到不可思议，这种情况是他的理论知识无法驾驭的，那么，他或许确信他的系统观点在现有条件下需要某种可靠的引导。要么影响国家局势和事件进程的某些事实是不为他所知的，要么他知道这些事实，但不知道这些事实会有什么影响。在后一种情况下，他的理论体系即使作为抽象体系也是不完善的；这样的体系不能使他正确追踪假设前提的所有结果。虽然他可以成功地质疑某些需要他来解释的现象的现实性，但是他的任务还未完成；他甚至被要求阐述在他看来毫无根据的教义是如何产生的，以及使经检验证明并不真实的主张具有一定可能的现象的真正本质是什么。

如果思辨的政治家做出了这一努力——这一努力是认真的，不是追求他的理论体系完备性，而是希望完成所要求的阐述——他可能相信自己有资格用他的理论来指导实践：但是，他必须不断地将同一理论用于由它引起的事实的每一种新的组合；他必须估计到不可预见因素的干扰，必须仔细留意每一个实验结果，以便他的理论让他无法预料或无法解释的残留事实可能成为新的分析对象，为随后扩大或纠正他的一般观点提供机会。

因此，实用哲学家的方法包括分析法和综合法。他必须把当前的社会状态**解析**为社会元素，在分析过程中不能遗漏任何元素。他在参考了个人了解每一个元素的规律，即了解这些元素的自然结果，以及了解某一原因不与其他原因相互作用时会产生什么结果的经验之后，剩下的工作就是**综合**；将所有这些分析结果放到一起，并且，从它们各自独立的状态中收集所有原因同时发挥作用会产生的结果。如果正确执行这些不同的操作，结果就可以预知；但是，因为只能在一定程度上近似正确地执行这些不同的操作，因此，人们不可能百分之百地预知结果，预测只具有或大或小的可能性；这取决于他们更好还是更差地了解那些原因是什么——即当每个原因单独发挥作用时，他们多多少少准确地从经验中了解的每个原因的规律，并加以证实——以及他们对总体效应颇为谨慎的概括。

所有的预防措施都已经表明，仍然存在流于偏见的危险；但是我们至少采取了最好的保障措施来防止流于偏见。我们能做得更多的就是尽量公正地评价自己的理论，尽我们所能地承认其理论体系先前没有考虑到或者悬而未决的任何事实的存在或意义，尽管没有几个研究者愿意这样做。

的确，如果每种现象不过是一种原因导致的结果，那么，除非在我们的推理中存在逻辑错误，否则，了解这些原因的规律可以使我们自信地预测现象发生的所有条件。如果我们已经仔细检查了前提条件和推理过程，而没有发现错误，我们就可以大胆地不相信那个可以显示问题原来与我们的预测大为不同的证据。如果造成错误结论的原因总是出现在该结论的推导过程中，那么人类的理解能力就是比推理更值得信任的工具。但是，即使对过程本身的最仔细的检查也很难帮助我们发现所遗漏的、我们的推理本应该考虑的一部分前提条件。结果通常取决于同时存在的原因。如果我们忽略任何一个原因，只从其他原因出发进行推理，那么只能是在错误的路上越走越远。我们的前提条件是正确的，推理是正确的，不过结果却在某种特殊情况下没有价值。因此，总要给我们的实际结论留出适当的质疑空间。面对错误的前提和不完备的推理过程，良好的思维训练或许可以最终拯救我们；但是，面对忽略某事的危险，理解的力量和智力的培养是极不完善的保护。一个人可能自信地保证，他看到了他用思想的眼睛细心观察的一切；但是没有人能确定他完全没有看到的东西就是不存在的。他只能满足于自己已经看到了

所有其他那些关注这一主题的人已经看到的东西。为此，他必须努力站在他们的立场，尽量认真地观察他们所看到的现象；在他把眼前的现象加入个人对现实的知识储备或者看清楚那是一个视觉幻象之前，他都不会放弃这种努力。

我们现在谈论的理论与通常的理解并不相悖：理论对任何人或许都不是绝对隐藏起来的，透过迷雾通常也可以看见。我们或许已经用看上去最熟悉的陈词套语展示了理论的后一部分：我们也许提醒研究者们不要过于一般化，提醒他们所有的规则都有例外。这是那些不信任整体性思维的人的通用语言，他们不清楚为什么和应该在哪表示怀疑。我们有意避免使用这些我们认为肤浅和不确切的表述。当存在错误时，错误并非来自于过于泛泛的一般化；而是来自于单独一个观点涵盖了过多的特殊情况。毫无疑问，一个人经常肯定了整个事情，但是整个事情中只有一部分是正确的；不过他的错误通常并不是做了太多的定论，而是做了某种错误的定论：他本应预测一种结果的趋势——即以某种强度驱使结果向那个方向发展的力量，却预测了一个实际结果。至于例外，任何称得上先进的科学中恰好没有的那种事物就是例外。理论的例外总是会产生不同于前一理论的另一种理论：产生与之前的力相反的另一种力，使其偏离原来的方向。规律本身没有规律和例外——规律适用于99%的情况，而例外适用于1%的情况。有两种规律，每一种都可能适用于100%的情况，他们共同作用产生某个常见的结果。如果某种力相较于这两种规律而言不那么明显，则称之为干扰力，它在某种情况下足以超过其他力，构成通常所说的例外，同样的干扰力在

许多其他情况中可能成为修正因素，这种情况就算不上例外了。

因此，如果提到一条自然规律，即所有重物会落到地面，人们可能就会提到阻止气球落下的空气阻力，由此认为气球是不服从重力规律的例外。但是真正的规律是，所有重物都趋于下降，由此就不存在例外了，即使是太阳和月亮；正如每位天文学家所知，便是日月也存在向地球靠近的趋势，因为同样的力也使得地球向它们靠近。在气球这一特殊情况中，从对万有引力定律的误解来看，空气阻力或许可以说战胜了万有引力定律；但是它的干扰效应在所有其他情况中都存在，空气阻力虽然未能阻止物体的下降，但却无论如何延缓了这一过程。规律和所谓的例外并不能将事物割裂，二者都是适用于所有事物的理解原则。将一种规律看作另一规律的例外，这种理解是肤浅的，违背了命名与分类的正确原则。一种影响确实是同一种类的，而且确定来自同样的原因，不能仅仅因为有或没有另一种原因胜过该原因，就把该影响分成两类。

只有在区别于科学的技术中，我们才能适当说说例外。技术的直接目标是实际工作，它除了是产生结果的手段外，和原因没有任何关系。然而，原因是各种各样的，技术对原因的结果进行单一的计算，根据结果的总量是加还是减，根据结果高于或者低于某一确定水平，技术指出做某事或者不要做某事。就像科学的例外一样，例外对于规则不敏感。在实践中，经常出现的问题是某事或者适合做，或者完全不适合做，没有中间地带。如果在大部分情况下某事适合做，那就成为规则。当随后出现的情况使某事不应该做时，新的一页就翻开了；规则一经了解就被抛弃了：新的一些想法出现，这些想法和所涉及的规则存在天壤之别，就像“是”和“不是”之间广泛而明显的差别一样。属于规律之内的最近一次情况与属于例外的第一次情况之间,极有可能差之毫厘:但是毫厘之间可能导致一种行为方式和另一种完全不同的行为方式之间完全隔绝。因此,我们在谈到技术时婉转说到规则和例外:规则意味着存在诱使人们按照一定的方式解释情况的优势——虽然这种优势是微弱的,而例外则是按照相反的方式解释情况的优势。

图书在版编目(CIP)数据

论政治经济学的若干未定问题/(英)约翰·穆勒著;张涵译.—北京:商务印书馆,2017
(汉译世界学术名著丛书:120年纪念版:珍藏本)
ISBN 978-7-100-14880-1

Ⅰ.①论… Ⅱ.①约… ②张… Ⅲ.①政治经济学—文集 Ⅳ.①F0-53

中国版本图书馆CIP数据核字(2017)第158837号

汉译世界学术名著丛书
(120年纪念版·珍藏本)
论政治经济学的若干未定问题
〔英〕约翰·穆勒 著
张涵 译

商务印书馆出版
(北京王府井大街36号 邮政编码100710)
商务印书馆发行
南京爱德印刷有限公司印刷
ISBN 978-7-100-14880-1

2017年12月第1版 开本710×1000 1/16
2017年12月第1次印刷 印张8
定价:55.00元